W0048097

DER APPELL VON JESUS
AN DIE WELT

Franz Alt

DER APPELL VON JESUS AN DIE WELT

Liebe und Frieden sind möglich

SALZBURG – MÜNCHEN

1. Auflage 2018
© 2018 Benevento Verlag bei Benevento Publishing,
eine Marke der Red Bull Media House GmbH, Wals bei Salzburg

Gesetzt aus der Minion Pro, New Baskerville BQ

Satz: MEDIA DESIGN: RIZNER.AT
Umschlaggestaltung: www.b3k-design.de, Andrea Schneider, diceindustries
Umschlagabbildung: shutterstock/Richard Paul Kane
Printed in Germany

ISBN 978-3-7109-0030-3

Inhalt

Vorwort   9

Vom Töten und von der Versöhnung –
Frieden statt Wettrüsten   17

Gewalt und Ausbeutung sind die Zwillings-
schmarotzer unserer Zeit –
Gerechtigkeit statt Unterdrückung   71

Die Sonne des himmlischen Vaters
scheint für uns alle –
Bewahrung der Schöpfung statt Krieg
gegen die Natur   85

Literatur   113

»Seht, ich mache alles neu«

Jesus in der Offenbarung des Johannes 21,5

Vorwort

Haben Sie dieses Buch per Zufall in die Hand bekommen? Ist alles reiner Zufall? Hat Ihr Leben einen Sinn und ein Ziel? Gibt es Gott? Welche der vielen Weltreligionen ist die wahre? Warum ist Religion der Hauptkriegsgrund in der gesamten Menschheitsgeschichte? Haben Tiere eine Seele? Gibt es eine Wiedergeburt nach dem Tod? Was sagt Jesus dazu? Hat er uns heute, zweitausend Jahre nach seinem irdischen Leben, überhaupt noch etwas zu sagen?

Die Macht der Gewohnheit ist der größte Feind der Wahrheit – vor allem auf dem Gebiet der Religion. Die Wahrheit aber kann man nicht haben, man kann sie nur suchen und leben. Das Selbst-Erleben der Wahrheit ist wahrscheinlich der Sinn unseres Hierseins. Auch Gott können wir nicht studieren, sondern nur erleben. Dafür ist Jesus das beste Vorbild, nicht die studierten Theologen. Er war nicht Gott, sondern ein großer Gottsucher.

In einem Traum höre ich Jesus sagen: »Die christlichen Kirchen haben mich zu einem Gott gemacht, aber meine Botschaft ignoriert, verfälscht oder falsch übersetzt.« Das ging sogar so weit, dass in seinem Namen Kriege geführt und gerechtfertigt wurden. Getreu dem Spruch »Ich bin nicht gekommen, Frieden zu bringen, sondern das Schwert.« (Mt 10,34) Natürlich hat Jesus dergleichen nie gesagt. Aber es steht in allen Bibeln der Welt, in über vier Milliarden Exemplaren. Dort ist sogar vom »Heiligen Krieg« die Rede (etwa in Jer 51,28) oder auch vom »Krieg Gottes«. Es lässt sich jedoch leicht nachweisen, dass etwa die Hälfte aller Jesus-Worte in den Bibeln dieser Welt falsch wiedergegeben ist. So lautet das obige Zitat in seiner Muttersprache Aramäisch ganz anders: »Ich bin nicht gekommen um Kompromisse zu schließen, sondern um Streitgespräche zu führen.« Jesus war ein Streiter. Nur deshalb musste er beseitigt werden.

Dazu frage ich ihn in diesem Buch selber. Ein journalistisches Stilmittel, um Jesus besser zu verstehen. Dass dieser Stil provoziert, ist beabsichtigt. Jesus selbst war wohl der größte Provokateur der Geschichte. Mit diesem Buch will ich Jesus heutig machen. Das ist der Auftrag eines jeden Jesus-Schülers.[*]

---

[*] Jesu Muttersprache war Aramäisch, aber die Geschichten von Jesus in den vier Evangelien sind uns nur auf Griechisch überliefert. Alles, was wir über Jesus wissen, wurde erst zwei bis drei Generationen nach ihm mündlich überliefert, aufgeschrieben und danach in alle Sprachen der Welt übersetzt. Auch die Worte der *Bergpredigt*, so wie Sie sie in Ihrer Bibel zu Hause finden, sind erst zweihundertfünfzig Jahre nach Christus auf Griechisch zu Papier gebracht worden. Bedenkt man diese Entstehungsgeschichte, kann man sich gut vorstellen, was dabei herauskommen muss: Stimmen die Worte nicht, dann ist die ganze Botschaft falsch. Wenn Sie mehr über diese Übertragungsproblematik erfahren möchten, dann lesen Sie die Bücher des Theologen und exzellenten Aramäisch-Experten Günther Schwarz oder die von mir verfassten Bücher *Was Jesus wirklich gesagt hat* und *Die 100 wichtigsten Worte Jesu*.

Der junge Mann aus Nazareth trat vor zweitausend Jahren – in Zeiten von Krieg, Ausbeutung, Ungerechtigkeit, Diskriminierung von Frauen und Umweltzerstörung – mit einer unerhörten Botschaft an die Öffentlichkeit. Nichts muss bleiben, wie es ist. Ganz im Gegenteil:

> Liebe ist möglich
> Frieden ist möglich
> Gerechtigkeit ist möglich
> Die Bewahrung der Schöpfung ist möglich

Jesus hat die Liebenden, die Friedensstifter, die Umweltfreunde und die für Gerechtigkeit Engagierten in seiner *Bergpredigt* »selig«, »glückselig«, also »selig vor Glück« genannt. Ein Hinweis darauf, dass wahrer Frieden von innen kommt. Eine neue Glücksbotschaft und ein neues Gottesbild in einer zerstrittenen, ungerechten, friedlosen, frauenfeindlichen und von Ausbeutung beherrschten Welt.

Der Mann aus Nazareth hatte mit diesem Programm eine ganz andere Klasse als die vielen selbsternannten »Erlöser«, die damals in Palästina umherliefen. Er war für viele Frauen der Traum von einem Mann. Besonders viel lernte er von seiner reichen und gebildeten Gefährtin und Freundin Maria von Magdala. In ihrer Schule wurde Jesus der erste prominente neue Mann der Weltgeschichte. Politik und Religion waren ihm dabei völlig gleichgültig. Sein großes Thema hieß – und heißt noch immer: Mensch-Sein bedeutet Mensch-Werden.

Jesus war Jude. Das damalige Judentum war eine patriarchalische Gesetzesreligion mit 613 komplizierten Vorschriften – ähnlich dem heutigen christlichen Kirchenrecht. Eine Supermoral, die Jesus ablehnte. Der Nazarener lehrte eine Religion, die ungleich einfacher war: »Liebe deinen Nächsten wie dich selbst«, »Behandle andere so, wie du von ihnen behandelt werden willst«. Oder: »Das Wichtigste ist die Liebe«. Für Jesus war Gott ein anderes Wort für Liebe – ein mütterlicher Vater, der alle seine Kinder liebt und für den alle Menschen als Kinder Gottes Schwestern und Brüder sind. Die Goldene Regel seiner *Bergpredigt* lautet daher: »Alles, was ihr von anderen erwartet, das tut auch ihnen.« (Mt 7,12) Die zentrale Botschaft des jungen Mannes aus Nazareth: »Gott will alle retten« – Weltgeschichte ist Heilsgeschichte.

Die Theologen seiner Zeit, Vertreter der Supermoral, nannten das Programm »Volksverdummung«. Eine solch einfache Lehre stellte ja ihre ganze Macht und Herrlichkeit und auch ihre hoch komplizierte Theologie infrage. Das konnten und wollten sie sich nicht bieten lassen. Jesus brachte eine Glücksbotschaft von Vertrauen und Liebe, das Evangelium. Theologen jedoch haben daraus im Lauf von zweitausend

Jahren eine Drohbotschaft von Angst und Misstrauen gemacht – eine Konstruktion von Geboten und Verboten, von Gesetzen und Vorschriften. Doch mit »du sollst«, »du musst« oder »du darfst nicht« lassen sich keine Probleme lösen. Damals nicht und heute nicht. Jesus war ein Meister der Freiheit und der heilenden Liebe, kein Meister des Zwangs oder einer unheilvollen Moral. Er hatte keine Angst vor Autoritäten. Für ihn gab es nur eine Sünde, die radikal tödlich ist: die Sünde gegen den Geist der Menschlichkeit.

Jesus hat nie moralisiert oder verurteilt, er wollte verstehen. Damit hat der junge Mann aus Nazareth die Religion ent-theologisiert. Viele Theologen wollen das bis heute nicht wahrhaben. In Jesus wurde offenbar, was Göttliches im Menschen steckt und wie menschlich Gott ist. Wir sollen zulassen, dass sich Gott in uns verwirklicht. Er hat nur unsere Hände. Das ist die ganze Botschaft Jesu.

Diese Botschaft war den damals Mächtigen in Politik und Religion suspekt. Sie mussten Jesus töten, um sich vor ihm zu schützen. Sein Evangelium war ein klarer Angriff auf ihre Macht und auf ihren Reichtum. Vor allem deshalb musste der junge Mann aus Nazareth beseitigt werden. Er hatte es gewagt, den ausbeuterischen Zuständen seiner Welt eine einfache und glaubwürdige Vision vom gerechten »Reich Gottes« entgegenzusetzen. Er hatte einen Traum von einer besseren Welt – so wie ihn Millionen Menschen auch heute träumen, unabhängig von Religion, Konfession oder Nation. Als angstfreier Mensch wurde er das Vorbild vieler und der Archetyp, das Urbild aller.

Jesus war ausgezeichnet mit schöpferischer Phantasie, großer Originalität und außergewöhnlicher Empathie. Er war und ist der außergewöhnlichste Mensch aller Zeiten, der für die Glaubwürdigkeit seiner Botschaft bewusst in den Tod ging. Martin Luther King war mit seinem Traum von der Gleichheit aller Menschen auf dem Weg Jesu. Auch Mahatma Gandhi, Nelson Mandela, Bertha von Suttner oder Albert Schweitzer waren mit ihrer Lehre von der Gewaltfreiheit Schüler Jesu. Er war das Vorbild dieser Vorbilder.

Weshalb können wir den jungen Mann aus Nazareth auch nach zweitausend Jahren nicht vergessen? Warum nicht seine *Bergpredigt*, die wirkmächtigste und kraftvollste Rede aller Zeiten? Was ist das Außergewöhnliche seiner Botschaft? Und vor allem: Was würde Jesus heute sagen, in einer Zeit, die wieder voller Gewalt und Krieg, voller Ungerechtigkeit und voller Umweltzerstörung ist?

Keine Frage hat mich in den letzten Jahrzehnten, in der Arbeit an meinen sechs bisher erschienenen Büchern über Jesus, mehr beschäftigt. Deshalb ging ich noch einmal an den See

Genezareth, um ihn am Ort seines aufsehenerregenden Wirkens um ein Gespräch zu bitten. Ich wollte mich in ihn hineinversetzen und ihn fragen, was er uns heute sagen würde. Seine Zuhörer damals waren, so berichtet der Evangelist Matthäus, »verrückt« nach seiner Botschaft und zugleich »entsetzt« darüber. So hatte noch nie jemand zu ihnen gesprochen.

Und wir Heutigen?

Franz Alt
Baden-Baden, Februar 2018

Vom Töten und von der Versöhnung – Frieden statt Wettrüsten

Franz Alt: Jesus, wir sitzen hier am Nordufer des Sees Genezareth, am Berg der Seligpreisungen, wo du vor zweitausend Jahren vor Tausenden Menschen deine Bergpredigt vorgetragen hast. Deine Botschaft ist Weltliteratur geworden. Es gibt heute weltweit über vier Milliarden Bibeln. Und jeden Tag erscheinen drei weitere Bücher über dich und deine Lehre. Das ist einmalig. Theoretisch bist du also angekommen in der Welt. Aber es sieht nicht so aus, als ob du erreicht hast, was du wirklich wolltest. Auch heute ist die Welt voller Krieg, Umweltzerstörung und Ungerechtigkeit. Wie erklärst du dir das?

Jesus: Mein Wunsch war eine bessere Welt. Ich träumte von einem »Reich Gottes«, aber Wirklichkeit wurden die real existierende Kirche mit ihren Dogmen und Verboten und die real existierende Welt voller Gewalt, Unfreiheit und Ungerechtigkeit. Vom »Reich Gottes« sind wir also noch weit entfernt. Was jedoch nicht heißt, dass alles beim Alten geblieben ist. Es gibt heute weit weniger Mord und Totschlag. Zu meiner Zeit starben pro Jahr etwa fünfzig von hunderttausend Menschen durch Gewalt, heute sind es – trotz der aktuellen Kriege – noch etwa zwei oder drei von hunderttausend im Jahr. Es gibt eine wirkmächtigere Justiz, auch mehr Gerechtigkeit und mehr Freiheit. Vor hundertfünfzig Jahren lebte ein Großteil aller Menschen im Elend, heute ist es nur noch ein geringer Teil der Weltbevölkerung. Es stimmt also nicht, dass früher alles besser war. In vielen Fällen ist das Gegenteil der Fall. Als Realist habe ich nie geglaubt, dass meine Vorstellung vom Reich Gottes sich sofort durchsetzen werde. Diese Erwartung haben mir Theologen oft unterstellt.

Aber viele Menschen haben den Eindruck, dass die Geschichte der Menschheit eine Geschichte von Krieg und Gewalt ist?

In den vergangenen zweitausend Jahren ging die Gewalt weltweit stark zurück. Es gab immer weniger Kriege, Mord und Totschlag, Sklaverei und auf der anderen Seite immer mehr Frieden, Wohlstand, Demokratie, Empathie und Gerechtigkeit. Die schlimmsten Epochen der Gewalt gegen Frauen, Kinder und Tiere liegen hinter euch. In den letzten zweihundert Jahren erlebte die Welt eine Revolution der Rechte: Kinderrechte, Frauenrechte, Rechte für die gleichgeschlechtliche

Liebe, Arbeiterrechte, Bürgerrechte, Tierrechte. Ein unübersehbarer Schritt zu mehr Frieden, gestärkt und gefördert durch den zunehmenden Informationsfluss der Massenmedien. Und wo Frieden, Freiheit, Gewaltlosigkeit und Gerechtigkeit wachsen, da wirkt Gott. Meine Bergpredigt, aber auch die Lehren von Buddha, Immanuel Kant, Mahatma Gandhi, Martin Luther King und Albert Schweitzer, kurzum: die Kräfte der Aufklärung und Zivilisation waren also nicht umsonst. Sie sind meine glaubwürdigsten Kronzeugen.

Dennoch: Dein Neues Testament ist das meist verbreitete, aber am wenigsten gelesene Buch der Weltliteratur. Damit kannst du doch nicht zufrieden sein.

Da vieles falsch übersetzt ist, kann es nicht verstanden werden. Die Theologen streiten schon seit Ewigkeiten über »ihre« heiligen Schriften. Falsche Übersetzungen führen in allen Religionen zu Hass, zu Streit, zu Abgrenzungen, ja zu Gewalt und Krieg. Vieles, was über mich im Neuen Testament geschrieben steht, kommt eher mittelalterlichem Aberglaube gleich als meiner wirklichen Lehre. Den Jesus, den alle zu kennen glauben, kennt kaum einer wirklich. So habe ich nie einen strengen Richter- oder Rache-Gott verkündet, sondern einen mütterlichen Vater, meinen Vater und euren Vater, meinen Gott und euren Gott. Ein Papsttum habe ich so nie gewollt.

Die sogenannte »Unfehlbarkeit« eures Papstes beruht schlicht auf einer falschen Übersetzung. Petrus hat sich immer als Bischof von Rom, aber nie als unfehlbarer Papst verstanden. Natürlich wurden meine Geschwister und ich nicht von einer »Jungfrau« geboren. Das Wort »Jungfrau« im biologischen Sinn gibt es im Aramäischen gar nicht. Es müsste ganz simpel heißen, dass meine Mutter Maria ein »junge Frau« war.

Hat die Welt nicht ganz andere Sorgen als derart lächerliche Spitzfindigkeiten der christlichen Theologen?

Man darf als Weltverbesserer vieles sein, aber nicht ungeduldig. Die Wahrheit braucht Zeit – das ist eine zentrale Lehre der Geschichte. Religion, wie ich sie verstehe, ist stetige, geduldige Aufklärung. So gibt es heute im Vergleich zu meiner Zeit mehr Freiheit und große Fortschritte bei der Emanzipation der Frau, die mir ein ganz besonderes Anliegen war. Schulbildung für Mädchen wurde in den letzten Jahrzehnten zur Voraussetzung für mehr Gleichberechtigung zwischen den Geschlechtern. Weltweit schließen heute mehr Frauen als Männer ein Hochschulstudium ab. Mehr Bildung und mehr Gleichberechtigung bedeuten weniger Gewalt. Leider hat gerade die katholische Kirche dieses Thema am wenigsten begriffen. Es ist ein Skandal, dass Frauen in den

Kirchen noch immer nicht gleichberechtigt sind. Das ist auch einer der Hauptgründe, warum heute allein in Deutschland jedes Jahr etwa eine halbe Million Menschen aus den Kirchen austreten. Paulus hat Frauenfeindlichkeit gelehrt, nicht aber ich. Das heutige Christentum ist überwiegend ein Paulustum.

Auf Frauen haben du und deine Lehre schon immer eine ganz besondere Faszination ausgeübt. Dafür steht deine Freundin Maria von Magdala.

Meine Gefährtin Maria Magdalena war eine starke, selbstbewusste, gebildete, heute würdet ihr sagen: eine emanzipierte Frau. Sie kam am Ostermorgen als Weinende, als Trauernde, als Verzweifelte an mein Grab, aber es war diese Frau, die den entscheidenden Satz des ganzen Christentums an die Welt sagte: »Er lebt.« Sie hatte – im Gegensatz zu den Männern um mich herum – verstanden, dass ich den Tod und die Gewalt besiegt hatte. In der größten Traurigkeit gibt es noch Hoffnung, dass der Tod nicht das letzte Wort hat, sondern die Liebe. Dass Liebe größer ist als alle Religionen, ist eine Botschaft der Frauen.

War deine Ethik primär weiblich orientiert?

Ich träumte und predigte die Abkehr von einem patriarchalischen Herrschaftssystem – sowohl im persönlichen Umfeld wie auch in der Politik – hin zu eher weiblich ganzheitlich geprägten Ordnungsvorstellungen. Das kann man auch eine eher weiblich geprägte Ethik nennen. Zu meiner Zeit wurden weder Frauen noch Kinder von Männern als vollwertige Menschen angesehen. Denke an meine Geschichte mit der Ehebrecherin: Die Männer wollten, dass ich sie verurteile. Ich aber sagte ihnen: »Wer von euch ohne Fehler ist, der werfe den ersten Stein.« Die Herren senkten den Kopf und gingen betreten davon. Zu der Frau sagte ich: »Gehe und sündige nicht mehr.« Ich habe nie jemanden verurteilt.

Aber die verurteilenden Männer hast du beschämt.

Frauen haben mich besser verstanden als Männer, Maria von Magdala besser als Petrus. Grundvertrauen ins Leben habe ich von meiner Mutter Maria gelernt. Sie war eine Feministin, lange bevor dieser Begriff existierte. Sie konnte nicht lesen und nicht schreiben, aber sie dachte und sprach Revolutionäres. Im »Magnificat«, wie ihr es im Lukas-Evangelium (1,52/53) findet, verkündet sie eine Revolution: »Gott stürzt die Mächtigen vom Thron und erhöht die Erniedrigten. Die Hungernden beschenkt er mit seinen Gaben und lässt die Reichen leer ausgehen.« Meine Mutter dankt Gott dafür, dass er sie, das Mädchen vom Land, »erhöht« hat. Wie schon erwähnt, ich habe von dieser jungen Frau viel gelernt. Sie war wie ich eine Rebellin.

Dass das heutige Christentum überwiegend ein Paulustum ist, wie du sagst, gilt wohl vor allem beim Thema Sexualität. Was hast du dazu vor zweitausend Jahren denn wirklich gesagt?

Eines Tages kam ein Mann in sexuellen Nöten zu mir und bat mich um Rat. Ich gab ihm einen Hinweis, den die späteren Theologen nicht zufällig im Philippus-Evangelium versteckt haben. Dieser Hinweis lautet, damals wie heute: »Du sollst dich nicht vor deiner Geschlechtlichkeit fürchten! Du sollst aber auch nicht drauf brennen. Sooft du dich vor ihr fürchten wirst, wird sie dich beherrschen, sooft du aber darauf brennen wirst, wird sie dich verschlingen.« Statt also die Sexualität als Symbol für Gottes Liebe und Lebensfreude zu preisen, haben die Theologen sie mit Geboten und Verboten, Dogmen und Paragraphen behaftet. Gerade mit ihrer menschenfeindlichen und naturwidrigen Sexualität hat die Kirche ein System aufgebaut, mit dem sie ihre »Schäfchen« in Angst versetzen kann.

Der ungeheuerliche Missbrauch, der etwa bei den Regensburger Domspatzen ans Licht kam, zeigt, wie sich dieses System selbst in die Irre geführt und zu einer klerikalistischen Tyrannei pervertiert hat. Dabei argumentiert heute jeder

Sexualpsychologe ähnlich wie ich vor zweitausend Jahren. Nicht gelebte Sexualität führt oft zu Gewalt, zu roher Männlichkeit, zu Frust und Brutalität. Diesen Zusammenhang bestätigt die gesamte Menschheitsgeschichte leider millionenfach. Vor allem in der katholischen Kirche wird diese Verbindung zwischen der Ideologie des Zölibats und dem Missbrauch von Kindern aber noch immer geleugnet und verdrängt. Die christlichen Kirchen haben Milliarden von Sexualneurosen zu verantworten. Mit meiner Lehre hat das freilich nichts zu tun. Gott hat keine halben Menschen geschaffen. Der Zölibat ist natur- und schöpfungswidrig. Er gilt ja auch erst seit dem 12. Jahrhundert. Auch hier wird sich zeigen: Nur die Wahrheit macht euch frei. Ideologie verblendet. Göttliches kann man nur suchen, aber nie besitzen.

Warum wohl haben die Theologen dich zu einem Gott hochstilisiert?

Nur auf diese Weise konnten sie Geistesmacht über die einfachen Menschen erlangen und ihren Dünkel befriedigen. Ich aber habe die »Armen im Geist« seliggepriesen, die einfachen und bescheidenen Menschen, die suchenden, nicht die allwissenden. Eure Theologen haben mich zu einem Gott verklärt, dabei wollte ich euch ganz einfach nur euer Mensch-Sein erklären. Jede Leiter, auf der wir hochsteigen, sollte auf einem festen

Grund stehen. Ich war immer bodenständig und vor Luftschlössern habe ich eher gewarnt.

Hast du dich selbst als Gottsucher verstanden?

Mein großes Gotteserlebnis hatte ich bei meiner Taufe am Jordan, als ich unseren gemeinsamen Vater sagen hörte: »Du bist mein geliebter Sohn.« Erst danach konnte ich mich von der Lehre eines strafenden Gottes, den Johannes noch lehrte, emanzipieren. Über Jahrhunderte kamen die Kirchen nicht über einen strafenden Gott hinaus. Bis heute begreifen die Kirchenbeamten nicht wirklich, dass ich eine Glücksbotschaft verkündet habe – das heißt: niemand *muss*, aber jeder *darf* sich am Aufbau und Ausbau des heilenden Reich Gottes, oder zeitgemäßer ausgedrückt: an der Verwirklichung einer besseren Welt beteiligen. Ich wollte den unterdrückten und verfolgten, den verachteten und verarmten Menschen zu einer »Befreiung« verhelfen. Die Theologen jedoch haben aus mir einen »Erlöser« gemacht, der diese Selbstbefreiung scheitern lassen muss. Gott erwartet, dass ihr selber lebt und euch dadurch selber erlöst. Es gibt keine Fremderlösung. Aber – darf ich dir im Gegenzug auch eine Frage stellen: Warum hast du mich gesucht und warum führen wir heute dieses Gespräch?

Lass mich mit einem alten orientalischen Sprichwort antworten: »Die größte Sünde für einen

Beduinen ist es, wenn er von einer Oase weiß und dieses Wissen für sich behält.« Als Journalist bin ich schon von Berufs wegen neugierig und der Aufklärung verpflichtet. Wir haben trotz aller Fortschritte, von denen du sprachst, große Probleme.

Die beiden größten Probleme eurer heutigen Zeit sind die gerade jetzt wieder akute Gefahr eines Atomkriegs und die Klimaerwärmung. Sie überragen alle anderen Probleme, sie sind sozusagen die Überlebensfragen der Menschheit im 21. Jahrhundert. Ein Atomkrieg wäre der letzte Krieg der Menschheit, da es danach niemand mehr gäbe, der noch einen Krieg führen könnte. Lass mich an dieser Stelle Michail Gorbatschow anführen: Mit seinem konkreten Handeln vor dreißig Jahren wurde deutlich, dass es vor Gott immer auf die Taten eines Menschen ankommt und nicht auf seine Lippenbekenntnisse. Vor Menschen, die hauptsächlich fromme Sprüche machen, habe ich schon vor zweitausend Jahren gewarnt. Gorbatschow hingegen hat für seine Überzeugung sein Leben riskiert. Gewissen war ihm wichtiger als Karriere. Meinen Vorschlag zur »Feindesliebe« hat er ganz realpolitisch so interpretiert: Einer muss anfangen und aufhören mit dem atomaren Wahnsinn. Gorbatschow – und später auch Präsident George Bush sen. – hat als Erster begriffen, dass ein Atomkrieg keine Sieger

Tatsache ihres möglichen Todes. Ob die Zivilisation im atomaren Feuersturm überlebt, hängt unter anderem von einem Computersystem aus den 1970er-Jahren ab, das die operativen Funktionen der amerikanischen Streitkräfte mit knapp siebeneinhalbtausend Atombomben koordiniert; die russischen Streitkräfte verfügen über ein ähnlich starkes Atomwaffenarsenal. Technische Fehler in diesem System sind an der Tagesordnung.

Die schmerzhafte Erkenntnis, die ihr aber nicht wahrhaben wollt, ist diese Lehre aus der Geschichte: Wer Kriege vorbereitet, erntet Kriege, wer einen Atomkrieg vorbereitet, wird aller Wahrscheinlichkeit nach einen Atomkrieg ernten. Auf den Ersten Weltkrieg folgte der Zweite Weltkrieg. Auf den Zweiten Weltkrieg folgte der Kalte Krieg. Und auf den Kalten Krieg folgte das atomare Wettrüsten der Gegenwart. Deshalb gilt heute wie zu meiner Zeit: »Selig sind die Friedensstifter, die Pazifisten.« Pazifismus bedeutet für mich nicht Passivität, sondern eine kreative und aktive Politik.

Kann man die Erfolge der Gewaltfreiheit, sei es von Mahatma Gandhi, sei es von Martin Luther King oder Lech Walesa, tatsächlich verallgemeinern?

Wenn man sich die Konflikte seit 1900 anschaut, dann lautet das eindeutige und für viele überraschende Ergebnis: Gewaltloser Widerstand erzielt doppelt so häufig Erfolge oder Teilerfolge wie bewaffneter Widerstand. Das gilt für Kriege ebenso wie für Demonstrationen und andere gesellschaftliche Konflikte. In Zahlen: Wer zu den Waffen greift, kann nur in einem Viertel aller Fälle mit Erfolg rechnen. Wer hingegen gewaltfrei kämpft, hat weitaus mehr Erfolgschancen. Länder, die auf eine gewaltfreie Revolution setzten, sind noch fünf Jahre später fast zur Hälfte demokratisch, wohingegen Länder, die auf Gewalt setzten, es nur noch zu einem geringen Teil sind. Wenn ihr also einen dauerhaften und stabilen demokratischen Wandel wollt, dann setzt auf gewaltlosen Widerstand.[*]

Was bedeutet das heute?

Noch immer lernen junge Männer, auch Christen, in fast allen Ländern der Welt – Costa Rica ist das einzige Land ohne Militär –, wie sie »Feinde« am effektivsten töten können. Deutschland, heute nur noch von Freunden umzingelt, hat einen Wehretat von etwa 35 Milliarden Euro für Militär und Rüstung – mehr als in den Zeiten des Kalten Krieges. Und es sollen noch viel mehr werden. Dabei ist der Mythos vom Frieden stiftenden Militär

---

[*] *Siehe hierzu die Studie* »Why Civil Resistance Works: The Strategic Logic of Nonviolent Conflict« *von Erica Chenoweth und Marias J. Stephan (Columbia University Press, 2011).*

vielfach widerlegt. Das habe ich bereits in meiner Bergpredigt aufgezeigt.

Wen meinst du, wenn du Menschen in deiner Bergpredigt »glückselig« nennst?

Selig vor Glück ist, wer Gott und seiner Liebe zu *allen* Menschen vertraut. Diese Wahrheit macht euch wirklich frei und schenkt euch Glück, das euch niemand mehr nehmen kann. Steht zu dem, was ihr innerlich und von Gott her seid. Sprengt die Fesseln eurer Angst, bleibt keine Marionetten des Äußeren. Wer dies versteht, für den ändert sich die Welt und er ändert die Welt. Er hat verstanden, dass Gott eine Welt will, in der alle Menschen sich als geschwisterliche Gemeinschaft verstehen und entsprechend leben. Eine Welt, in der keine Tiere gequält und grausam geschlachtet werden, denn auch Tiere haben eine Seele. In einer Welt ohne Gott seid ihr verloren. Die Formel, die die Menschheit noch retten kann, heißt: Jede und jeder ist ein Kind Gottes.

Hast du für uns heute eine Idee, wie sich die Weltgemeinschaft weiter in Richtung deiner Bergpredigt entwickeln könnte?

Euch fehlt vor allem eine handlungsfähige weltweite Autorität, die für Ordnung zwischen den zahlreichen Staaten und Regierungen sorgt. Die

Vereinten Nationen haben es bisher nur selten geschafft, die Weltbevölkerung von über sieben Milliarden Menschen als Weltfamilie oder Weltgemeinschaft zu einen. Eine erfreuliche Ausnahme ist das Pariser Klimaabkommen, dem ursprünglich alle Regierungen zugestimmt haben. Donald Trump jedoch ist ausgestiegen. Angeblich zu teuer für eines der reichsten Länder der Welt. Aber auch Deutschland verfehlt seine Klimaschutzziele. Ihr seid noch heute Weltmeister im Verbrennen von Braunkohle, dem schädlichsten Klimakiller.

Insgesamt aber muss ich sagen: Ihr lebt noch immer in einer äußerst seltsamen Welt. Ihr könnt auf den Mond fliegen und in Sekundenbruchteilen Informationen auf der ganzen Welt verbreiten. Ihr habt Geld, um jeden Tag über vier Milliarden Dollar für Rüstung und Militär auszugeben. Aber Geld für mehr Frieden, mehr Gerechtigkeit, mehr Klimaschutz und die Achtung der Menschenrechte habt ihr angeblich nicht. Seit die Vereinten Nationen nach dem Zweiten Weltkrieg versprochen haben, die Menschheit »von der Geisel des Krieges zu befreien«, habt ihr zweihundert Kriege geführt. Eure ewige Hochrüstung ist nichts anderes als unausgesetzter Mord an den Hungernden und Elenden eurer Zeit.

Wie realisieren wir den alten Menschheitstraum, eine Welt ohne Krieg und Gewalt, der ja auch dein großer Traum war?

Dafür braucht die Welt einen globalen Verfassungswechsel. Das heißt: Die Nationalstaaten sollten einen Teil ihrer Souveränität abgeben und an eine Weltautorität abtreten – an ein Weltparlament, das regelmäßig in freien Wahlen gewählt wird, an eine Weltexekutive, an eine Weltjustiz. Dadurch könnten Kriege und Waffenhandel unterbunden, totalitäre und autoritäre Staaten verhindert, die Verletzung der Menschenrechte beendet, dem Terrorismus der Boden entzogen, der Hunger effektiv bekämpft und das Weltklima gerettet werden. Die Welt könnte sich in eine bessere Verfassung bringen, und die Nationalstaaten könnten die Furcht voreinander abbauen. Ihr könntet Bomben, Panzer und Raketen abschaffen und auf der ganzen Welt durch Stimmzettel ersetzen. Meine Bergpredigt, die in diese Richtung einer besseren Weltordnung weist, ist die ewige Stimme der Natur, der Aufklärung, der Vernunft, der Liebe und des Herzens. Ihr habt die Möglichkeit, euren Kindern eine bessere Welt zu hinterlassen, als ihr sie vorgefunden habt. Eine einmalige Chance, Weltpolitik zu gestalten und zu lernen, dass ihr *eine* Menschheit seid und auf *einer* Erde lebt. Eine zweite Erde habt ihr nicht. Aber eine besser geordnete Welt ist grundsätzlich möglich. Die modernen Kommunikationsmittel sind euch dabei eine große Hilfe. Nutzt sie!

Warum soll jetzt gelingen, was Jahrtausende nicht gelungen ist?

Ihr habt die Sklaverei und den Kolonialismus überwunden, warum nicht auch Krieg und Kriegswirtschaft, Armut und Umweltzerstörung? Ihr habt heute zum ersten Mal in der Geschichte die Möglichkeit, eine Weltzivilisation zu schaffen, in der mithilfe der modernen Medien alle Menschen miteinander verbunden sind. Im 19. Jahrhundert haben die Einzelstaaten in Nordamerika auf Teile ihrer Souveränität verzichtet und sich zu den Vereinigten Staaten von Amerika zusammengeschlossen. Ein ähnlicher Prozess fand zu Beginn des 20. Jahrhunderts in Australien und in der zweiten Hälfte des 20. Jahrhunderts in Europa statt. Warum also soll es im 21. Jahrhundert nicht für die ganze Welt möglich sein? Ein solcher Prozess der demokratischen Globalisierung könnte Frieden stiften, Kriege verhindern und wirtschaftliche Vorteile für alle bringen. Wenn sich die Macht künftig auf Stimmzettel statt auf Panzer und Raketen stützt, spart die Welt einen Großteil der jährlichen Milliardenausgaben für Rüstung und kann sich für alle Zeit von der Gefahr eines Atomkriegs verabschieden. Die überwiegende Mehrheit der Menschen will keine Atomwaffen und erst recht keinen Atomkrieg. Kriege liegen nicht – wie oft behauptet – in der Natur des Menschen, Kriege waren immer das

Resultat nationalistischer Verblendung oder von religiösem Fanatismus.

Und was tritt dann an die Stelle der alten Nationalstaaten?

In Europa eine europäische Republik mit starken Regionen. Die Europäische Union hat noch wesentliche Defizite. Es gibt bereits einen europäischen Markt und eine europäische Währung, aber noch keine wirkliche europäische Demokratie. Und die Fortsetzung und Vertiefung der europäischen Vereinigung könnte eine politisch-demokratisch verfasste Weltgemeinschaft sein. Die Globalisierung würde durch eine stärkere Regionalisierung ergänzt: Ihr könntet also weiterhin Bayern, Bretonen, Basken, Katalanen, Tiroler, Schotten oder Franken und Weltbürger zugleich sein. Eure regionalen Identitäten könnten gestärkt und die nationalen Egoismen überwunden werden.

Das Abschaffen von Nationalstaaten würde aber auf starken Widerstand stoßen.

Jede Versammlung der politisch Mächtigen könnte ein Vorbote einer demokratischen Weltgesellschaft sein. Ein höchstes Staatsziel von euch Deutschen könnte sein, in einem vereinten Europa dem Frieden der Welt zu dienen. Der

Export von Freiheit, Menschenrechten und Demokratie ist viel gerechter als der Export eurer Waffen. Macht euch auf den Weg zu einer Weltbürgergesellschaft, die von unten, also subsidiär, mit viel Entscheidungsbefugnis auf kommunaler und regionaler Ebene, organisiert werden soll. Macht die Existenz von nationalen Armeen überflüssig. Der Schriftsteller Carl Zuckmayer hat einmal gesagt: »War es gestern unsere Pflicht, Feinde zu sein, so ist es heute unser Recht, Freunde zu werden.« Darin liegt im Grunde die gesamte Essenz meiner Bergpredigt, in der ich die Friedensstifter seliggepriesen habe. Frieden ist der verlängerte Arm der Liebe. Nicht der Krieg, der Frieden ist der Vater aller Dinge. Es gibt nie einen guten Krieg und es gibt auch keinen schlechten Frieden. Das ist mein Appell an die Jugend von heute: Ihr könnt schon in ein oder zwei Jahrzehnten den Hunger auf der Welt besiegen. Welch eine sinnstiftende Aufgabe für eure junge Generation!

Das klingt nach Kants Vision vom ewigen Frieden.

Ja. Die Menschheit kann *jetzt* die Vision realisieren, die Immanuel Kant im Jahr 1795 »Zum ewigen Frieden« genannt hat. Eine Weltrepublik würde weniger ein Weltzentralstaat als ein Weltbundestaat sein. Für dich etwa, lieber Bruder Franz, könnte das heißen: Deine Heimat ist Baden, dein Kontinent Europa, aber deine Zukunft ist die Weltbürgerschaft in einer demokratischen Weltrepublik. Eine Weltverfassung geht von der Idee aus, dass *alle* Menschen ungeachtet ihrer vielfältigen Unterschiede Mitglied der *einen* Menschheitsfamilie, dass alle Menschen Kinder Gottes sind. Eine Weltverfassung sollte einen, ohne zu vereinheitlichen. Frieden bedeutet Teilverzicht aller Staaten auf Souveränität und vor allem Verzicht auf eigene Streitkräfte. Das Gewaltmonopol liegt dann bei einer Weltregierung. Der Artikel eins einer Weltverfassung sollte darauf aufmerksam machen, dass die Erde ein Geschenk an alle Menschen und an alle Lebewesen ist und deshalb sorgsam behandelt werden muss.

Dazu bedarf es eines globalen Bewusstseinswandels. Wir kommen im dritten Teil unseres Interviews noch mal auf diesen ökologischen Aspekt zurück. Wenn uns die Geschichte lehrt, dass bisher Nationalismus identisch war mit Krieg, dann brauchen wir diesen Bewusstseinswandel und ein Umdenken vom alten Nationalismus zu einem zukunftsfähigen und friedlichen Internationalismus.

Das ist die alles entscheidende Aufgabe der Gegenwart. Öffnet euren Geist für eine neue und bessere Welt. Ich vertraue darauf, dass die Jugend reif für diese neue Idee ist und auch fähig, sie zu realisieren. Denn solange die Weiterexistenz der Zivilisation gefährdet bleibt, werden sich immer mehr Menschen in immer mehr Bündnissen für die Verwirklichung eines Weltparlaments, einer Weltregierung und einer Weltjustiz einsetzen. In der Geschichte waren es meist nicht vorhergesehene Ereignisse, die eine Transformation herbeiführten. Das gilt für die Französische Revolution ebenso wie für die deutsche Wiedervereinigung. So könnte beispielsweise die Demokratisierung Chinas den Durchbruch zu einer kosmopolitischen Welt beschleunigen. Das würde wiederum den Druck auf die restlichen autokratischen oder totalitären Regime erhöhen. Die Geschichte war schon immer für Überraschungen gut. Die Chancen dafür sind im Internet-Zeitalter größer als jemals zuvor. Millionen junge Chinesen träumen von mehr Demokratie. Und träumen verbindet die ganze Menschheit.

Wie soll diese neue Weltordnung mit den Politikern von heute realisiert werden?

Du hast recht: Solange Politiker wie Donald Trump oder auch Angela Merkel Waffengeschäfte mit Saudi-Arabien machen und gleichzeitig sagen, sie bekämpfen Terrorismus und Fluchtursachen, ist die Politik nicht reif für eine neue Weltordnung. Dafür braucht es neues Denken und vor allem neues Handeln. Auch neues und verantwortliches Wahlverhalten. Aber das ist nur eine Frage der Zeit. Es liegt an den Wählerinnen und Wählern, von demokratisch gewählten Politikern mehr Ehrlichkeit zu fordern oder sie abzuwählen. Denn nochmals: Nur die Wahrheit wird euch frei machen.

Christen, mit über zwei Milliarden Mitgliedern die größte Religionsgemeinschaft der Welt, könnten oder sollten Vorreiter für solch ein neues Denken und Handeln sein. Sie könnten die Träger einer neuen Weltordnung werden. Daher meine Frage, die Kirche betreffend: Hat Papst Franziskus recht, wenn er seine engsten Mitarbeiter im Vatikan »Karrieristen, Egozentriker und gottlose Bürokraten« nennt und ihnen vorwirft, dass für sie Macht und Pracht wichtiger sind als die Nähe zu den Armen und Sündern, die du vorgelebt hast?

Franziskus spricht Klartext, wie ich es in der Bergpredigt vorgeschlagen habe: »Deine Rede sei ja, ja oder nein, nein. Alles andere ist vom Teufel.« Flüchtlinge und Häftlinge, die Armen und die Abgehängten sind Franziskus wichtiger als die Etablierten. Wenn Franziskus fordert, dass Homosexuelle oder Flüchtlinge nicht ausgegrenzt werden dürfen, oder wenn er Gefangene in Gefängnissen oder Flüchtlinge in Lagern besucht, dann spricht er damit in meinem Sinne. Der Mann gefällt mir: Er wäscht an Ostern den

Armen die Füße und an Weihnachten den Kirchenfürsten den Kopf. *(Jesus lacht)* Die real existierenden Kirchen aber kreuzigen mich seit zweitausend Jahren immer wieder aufs Neue. Meine Bergpredigt, wenn man so will meine Magna Charta für eine bessere Welt, wurde zu einem Heimatroman verniedlicht. Theologen und Kirchenbeamte haben mich zum politischen Einfaltspinsel gemacht. Der Dalai Lama hat völlig recht, wenn er sagt: »Ethik ist wichtiger als Religion.« Auch in dieser Aussage stimme ich mit ihm überein: »An manchen Tagen denke ich, dass es besser wäre, wenn wir gar keine Religionen mehr hätten. Alle Religionen und alle Heiligen Schriften bergen ein Gewaltpotential in sich. Deshalb brauchen wir eine säkulare Ethik jenseits aller Religionen.« Dieser Buddhist, der 14. Dalai Lama, ist mein Bruder im Geiste. Aber statt danach zu handeln, habt ihr Millionen Menschen zwangsbekehrt, gefoltert, verfolgt und ermordet. Die Religion war leider oftmals das Hauptmotiv für die Kriege der Menschheitsgeschichte. Terror statt Liebe. Einzig die Liebe ist größer als alle Religionen.

Religion ist für dich identisch mit Frieden und Liebe. Was heißt Liebe konkret?

Lieben heißt, sich selbst lieben, deine Nächsten lieben, Gott lieben, ja sogar deine Feinde lieben. Lieben heißt ganz konkret: Richte deine ganze

Energie auf das, was du von Herzen liebst. Sei bewegt und begeistert davon mit jedem Molekül und Atom deines Körpers, mit deinem Geist und mit deiner Seele. Erfolgreiche Menschen sind liebende Menschen. Sie fragen sich, was kann ich tun, damit Liebe und Frieden durch mich eine größere Chance erhalten.

Und was heißt heute Gewaltfreiheit konkret – die zentrale Forderung deiner Bergpredig?

(nach längerem Schweigen) Mein lieber Freund, das ist tatsächlich die Frage aller Fragen, damals wie heute. Nach Tausenden Kriegen, zweitausend Jahre nach meiner Lehre vom Frieden und der Feindesliebe in der Bergpredigt und dreihundert Jahre nach der humanistischen Aufklärung steckt ihr noch immer in der selbstverschuldeten Militarismusfalle und in der scheinbar ewigen Gewaltspirale fest, wonach Gewalt nur mit Gewalt beantwortet werden kann. Wie lange wollt ihr dieser Ideologie, dieser Irrlehre noch anhängen? Ihr sollt verstehen lernen, dass in dem Motto »Frieden durch Abschreckung« das Wort »schrecklich« steckt. Auf Deutsch heißt das: Terror! Mit immer mehr Waffen lässt sich kein Frieden schaffen. Auch staatliche Abschreckungspolitik ist Terror gegenüber den Opfern. Gewalt ist nichts anderes als banale Hilflosigkeit und hilflose Not.

Das Heilmittel der Friedensbewegung heißt: »Frieden schaffen ohne Waffen«. Wie soll das im politischen Alltag funktionieren?

Wenn ihr die Ideologie des Militarismus nicht überwindet, könnt ihr noch tausend Jahre für Frieden beten – und werdet dennoch weiter Kriege führen. Wenn ihr euch nicht ändert und für eine bessere Welt kämpft, kommen eure Gebete eher einer Gotteslästerung gleich. Denn ohne Kampf gibt es keinen Fortschritt. Die Gebete nützen nichts, wenn ihr nicht vorlebt, was ich euch gelehrt habe. Das aber erwarte ich von meinen Freunden. Stattdessen wisst ihr zwar, was ihr tut, aber tut nicht, was ihr wisst. Warum? Weil ihr noch immer zu wenig Vertrauen in die Heilkraft der Gewaltfreiheit und zu wenig Erfahrung mit ihr habt. Ihr redet vom Frieden und bereitet den nächsten Krieg vor. Ihr redet von Umweltschutz und führt zugleich Krieg gegen die Natur – also gegen euch selbst. Eure Politiker reden von Gerechtigkeit, sorgen aber dafür, dass die acht reichsten Milliardäre der Welt über mehr Geld verfügen als die gesamte ärmere Hälfte der Menschheit. Die dafür verantwortlichen Politiker bekommen in freien Wahlen die Mehrheit *eurer* Stimmen.

Wie aber sollen die Menschen je wissen, was Gott von ihnen erwartet, wenn schon deine Worte falsch übertragen wurden?

Was Gott euch zu sagen hat, schreibt er nicht auf große Steine, er flüstert es in euer Herz und in eure Träume hinein. Gott spricht immer über euer Denken, Fühlen und Handeln zu euch. Jede Form der Fremdbestbestimmung ist religiös gesehen falsch. Der ganze Pomp des Religionsbetriebs ist überflüssig und schädlich, kein Gottesdienst, sondern Götzendienst. Gott braucht keine Tempel und Altäre, keine Opfer und keine Priester. Niemals gründet Gott seine Macht auf äußere Rituale, auf Staatsmacht oder Wirtschaftsmacht. Papst Franziskus machte es ganz richtig, als er es gleich nach seiner Wahl ablehnte, die alten Papst-Gewänder anzuziehen und zum vatikanischen Zeremonien-Meister sagte: »Herr Kollege, Karneval ist vorbei« (*Jesus lacht laut und herzlich*).

Noch mal zurück zur Gewaltfrage: Sicher trägt Wettrüsten immer den Keim des nächsten Krieges in sich. Aber gibt es eine Erfolgsgarantie für die Politik der gewaltfreien Verteidigung?

Die gibt es sicher nicht. Aber es gibt die Chance, mit diesem neuen und gleichzeitig zweitausend Jahre alten Konzept Konflikte zu lösen und echten Frieden zu schaffen. Bisher freilich fehlt vielen Friedensfreunden der Mut und die Leidenschaft, für dieses neue Konzept zu streiten. Und ich glaube, das Umdenken und erst recht das

»Umhandeln« fällt euch deshalb so schwer, weil ihr jahrtausendelang das Gegenteil gehört und verinnerlicht habt. Kein Wunder, dass einem dabei schwindelig wird. Mancher von euch wird sich fragen: Bin ich verrückt oder sind es die anderen? Das Leben aber ist eine lange Pilgerreise zur Wahrheit, zur Erkenntnis oder – religiös gesprochen – zu Gott. Und diese Reise braucht Zeit und Geduld. Diese Zeit jedoch währt im Atomzeitalter nicht ewig. Erich Fromm drückte diese Dringlichkeit des raschen Umdenkens so aus: »Zum ersten Mal in der Geschichte hängt das physische Überleben der Menschheit von einer radikalen Veränderung der Herzen ab.« Gewalt gefährdet oder tötet sogar Leben, Gewaltfreiheit und gewaltfreier Widerstand sind eine aufbauende, schöpferische Kraft, ich nannte sie und nenne sie »Nächstenliebe« und »Feindesliebe«. Gandhi hielt diese Kraft für unbesiegbar, weil sie auch Leiden und Benachteiligung nicht fürchtet.

Und Gandhi war kein Christ …

Nicht dem Namen nach, aber im Geiste sehr wohl. Zurecht hat er gesagt: »Wäre der Westen christlich, dann dürfte es dort keine Kriege geben.« Das gilt insbesondere heute im Atomzeitalter: Es ist unmöglich, wirklich an Gott zu glauben und zugleich auf »atomare Abschreckung«

zu setzen. An wen glaubt ihr wirklich: an Gott oder an die Bombe? Wem vertraut ihr: Gott oder der Bombe? Mich zum Vorbild nehmen heißt: meinem Vertrauen zu vertrauen und nicht der Gewalt. Oder: sich mit Gott zu versöhnen. Den Gott der Güte und der Liebe zu verkünden fühlte ich mich berufen, nicht den Gott der Rache oder der atomaren Vergeltung. Und einzig deswegen habe ich beschlossen zu sterben – nicht Gottes wegen, sondern damit ihr Menschen den Gott der Liebe verstehen lernt. Sonst hättet ihr mich und meine Bergpredigt längst vergessen.

Kann diese neue Strategie der Gewaltfreiheit, der Herzensveränderung, der Liebeskraft auch in Zeiten des Terrorismus hilfreich sein?

Ja, gerade jetzt. Auch das lehrt die Erfahrung der letzten Jahrzehnte. Ob in Spanien oder Irland, stets hieß es, mit Terroristen kann man nicht reden. Also wurde gemordet, bis dann doch miteinander geredet und ein Interessensausgleich gefunden wurde. Oder lass uns, ein aktuelleres Beispiel, auf Kolumbien schauen: über fünfzig Jahre Bürgerkrieg, Hunderttausende Tote, über fünfzigtausend noch immer Vermisste und dann schließlich doch Verhandlungen mit positivem Ergebnis. Die Terroristen geben nun unter Aufsicht der Vereinten Nationen ihre Waffen ab, nachdem sich die Regierung mit ihnen auf vernünftige Kompromisse verständigt hat. Und aus den Waffen werden drei Friedensmahnmale errichtet: eines in Kolumbien, eines am Sitz der Vereinten Nationen in New York und eines in Kuba, wo die vier Jahre andauernden Verhandlungen stattfanden. Die Aussöhnung der Regierung mit der Mehrheit der Rebellen ist gelungen. Anders wird es auch mit dem sogenannten Islamischen Staat nicht gehen. Der Dalai Lama hatte am Tag nach den Anschlägen vom 11. September 2001 George W. Bush ein Telegramm geschickt mit den Worten: »Herr Präsident, auch Osama bin Laden ist unser Bruder.« George Bush jedoch hat nichts verstanden. Er glaubte, dem Terror »den Krieg erklären« zu müssen. Das Ergebnis ist bekannt: Damals gab es weltweit etwa dreitausend Terroristen, heute sind es mindestens dreißigtausend. Soll dieser Wahnsinn ewig so weitergehen? Wann fangt ihr endlich an, die Überlegenheit der gewaltfreien Politik zu lernen?

Was ist der Ausweg aus den Sackgassen, in die wir uns mit dem alten Denken von ewiger Rache und Vergeltung verrannt haben?

Letztlich habt ihr nur diese Wahl: Angst oder Vertrauen? Selbstverachtung oder Selbstachtung? Hölle oder Himmel? Das Hilfskonzept eines neuen Denkens heißt: »Wohl dem, der vertraut.« Dann wird Gewaltfreiheit und gewaltfreier Widerstand zur größten Kraft der Menschheit für positive Veränderungen. Die Waffe der Gewaltbereiten sind Gewehre und Panzer. Die Waffe der Gewaltfreien ist Gottvertrauen oder Urvertrauen. Gewaltfreiheit ist mächtiger als alle Vernichtungswaffen. Oder wie Mahatma Gandhi es formulierte: »Gewaltlosigkeit ist nicht ein Deckmantel für Feigheit, sondern die höchste Tugend des Tapferen.« In diesem Geiste seid ihr, wie Gott euch immer wollte: frei und lebenskräftig, selbstbestimmt statt fremdbestimmt, voller Vertrauen zur Wahrheit.

Deutsche Politiker von Otto von Bismarck über Helmut Schmidt bis Helmut Kohl haben übereinstimmend behauptet: »Mit der Bergpredigt kann man nicht regieren.« Ich habe in meinem Journalistenleben nur drei namhafte deutsche Politiker kennengelernt, die gesagt haben: »Ohne Bergpredigt könnte ich überhaupt nicht regieren. Von der Bergpredigt lasse ich mich auch in meiner Politik inspirieren.« Das waren der ehemalige Bundespräsident Richard von Weizsäcker, der ehemalige Ministerpräsident von Sachsen-Anhalt, Reinhard Höppner, und der grüne Ministerpräsident von Baden-Württemberg, Winfried Kretschmann. Daher meine Frage: Kann man mit deiner Bergpredigt regieren?

Vorurteile gegenüber der Praktikabilität der Bergpredigt gab und gibt es sogar innerhalb der

Kirchen. Bis heute höre ich oft: »Die Bergpredigt ist doch nur etwas für Mönche und Nonnen.« Aber ja, man kann mit der Bergpredigt regieren. Das hat Bundeskanzlerin Angela Merkel in der Flüchtlingskrise 2015 bewiesen. Ihr Satz »Den Flüchtlingen ein freundliches Gesicht zeigen« hat Millionen Deutsche motiviert, spontan zu helfen und Notleidende bei sich aufzunehmen. Das war gelebte Bergpredigt, ein humanistischer Imperativ. Ich habe damals meine Seligpreisungen um eine weitere erweitert: »Selig sind, die Flüchtlingen helfen«. Und dennoch stellt sich deine Frage im Atomzeitalter mit der allergrößten Dringlichkeit. Welche Folgen hätte denn ein Atomkrieg? Ich gebe eine dreifache Antwort. Erstens würde ein Atomkrieg die totale Apokalypse bedeuten. Alles höhere Leben würde ausgelöscht. Sollten einige Menschen überleben, sie würden die Toten beneiden. Zweitens gäbe es keine Zukunft, weil es keine Menschen mehr gäbe. Und drittens gäbe es auch keine Vergangenheit, weil es niemand mehr gäbe, der noch wüsste, dass es jemals so etwas wie menschliche Geschichte gegeben hat. Das sind die drei Dimensionen eines Atomkriegs. Wäre es nicht vernünftiger und intelligenter, sich endlich auf eine grundsätzlich andere, auf eine gewaltfreie Politik zu besinnen?

Zurzeit findet in den Vereinten Nationen eine Diskussion über die Abschaffung aller Atomwaffen statt. 123 Länder sind für eine atomwaffenfreie Welt, bisher stimmten 38 Staaten dagegen, darunter alle NATO-Staaten, leider auch Deutschland. Vor allem die neun Atomwaffen besitzenden Staaten beharren darauf. Hat diese Initiative für eine atomwaffenfreie Welt, die von Österreich ergriffen wurde, überhaupt eine Chance?

Immerhin ist die überwiegende Mehrheit der Weltbevölkerung für eine atomwaffenfreie Welt. In diesem Sinne hat auch die Anti-Atomorganisation »I can« 2017 den Friedensnobelpreis bekommen. Wenn zwei Drittel aller Staaten der Vereinten Nationen für eine atomwaffenfreie Welt stimmen, dann ist der erste Schritt in diese Richtung bereits getan.

Aber wie schaffen wir es, diesen Wahnsinn eines Atomkriegs gänzlich abzuwenden?

Je mehr Menschen auf der ganzen Welt sich für Frieden und gegen Atomwaffen engagieren, desto größer wird die Chance, dass solche Initiativen erfolgreich werden. So kann das, was ich »Feindesliebe« genannt habe, zu eurem größten Schatz und zu eurem besten Schutz werden. Ihr könnt lernen, die geistigen Mauern in euren Köpfen zum Einsturz zu bringen.

Ich erinnere dich an meine Geschichte vom Senfkorn und vom Sauerteig. Wenn viele einzelne Menschen sich ändern, ändert sich die ganze Welt. Die Kraft der Wahrheit und der Liebe, der Freiheit und des Friedens wirkt wie ein Sauerteig oder wie ein Senfkorn, das hundertfache Frucht bringt. Die innere Wandlung wirkt immer auch nach außen. Selbst kleine Gruppen und Gemeinden, Friedensinitiativen und Umweltaktivisten können zu Sauerteig und zu Senfkörnern des Reiches Gottes werden. Sie wirken wie ein ins Wasser geworfener Stein, der seine Wellen ausbreitet, für eine gerechtere und friedlichere Welt. Die Welt braucht heute Millionen selbstbewusster und selbstkritischer Menschen, die sich für Abrüstung und Umweltschutz, für eine bessere und friedlichere Welt, für ein Weltparlament und eine Weltregierung einsetzen.

Werden sie auf Missstände aufmerksam gemacht und zum Engagement aufgefordert, sagen Menschen oft: »Ich allein kann ohnehin nichts ausrichten.«

Jammern hilft nicht. Ihr seid persönlich gefordert, und es sollte euch niemals egal sein, in welchem Zustand sich euer Planet befindet. Schlimme Situationen sind an sich schon schlimm genug. Sie werden aber noch schlimmer, wenn ihr nur darüber jammert. Wenn ihr jedoch eure Einstellung ändert und euch fragt, was ihr tun könnt, dann vergrößert ihr zusammen mit anderen eure

Macht, tatsächlich etwas zu ändern. Also: Empört euch über Missstände, protestiert gegen eine erbarmungslose Geldgesellschaft, wehrt euch gegen Militarismus, emanzipiert euch von allen dogmatischen Religionen, lehrt die Autoritäten das Fürchten, begeistert euch aber auch für die Möglichkeiten, Missstände gewaltfrei zu korrigieren und an Alternativen zu arbeiten. Wer politisch erfolgreich sein will, braucht eine Zukunftsvision, eine überzeugende Leitidee für einen »Wohlstand für alle« einschließlich Frieden mit der Natur, sinnstiftenden Arbeitens und sozialer Sicherheit. Wacht auf aus dem Traum eurer Abhängigkeiten, befreit euch für das, was euch wesentlich ist und wofür ihr wirklich leben wollt. Organisiert eine zeitgemäße Protestbewegung, deren Kern die globale Gerechtigkeit und Gewaltfreiheit ist. Verbindet Vernunft mit Gefühl. Kämpft mit freundlicher Gelassenheit. Bekämpft das Böse nicht mit militärischem Widerstand, sondern leistet gewaltfreien Widerstand gegen jede Art von Entmenschlichung und Entwürdigung – eine Kultur der Gewaltfreiheit erfordert Geist und Begeisterung. Begeisterung ist Energie. Und Energie ist Gott, die Urkraft allen Seins, ohne die wir nicht wären.

Die meisten Menschen empfinden deine Bergpredigt und deine Lehre des gewaltlosen Widerstands schlicht als Zumutung.

Richtig, und so sind sie auch gemeint. Was aber wäre die Alternative? Jeder weiß doch aus seinem Privatleben, dass es manchmal Versöhnung nur um den Preis höchster Anstrengung gibt. Mein Weg ist nicht einfach. Aber er ist menschenfreundlicher, phantasievoller, weitherziger, erfolgreicher und letztlich göttlicher als alle Alternativen. Gott gibt jedem von euch die Kraft, ein vollständiger Mensch zu werden. Das heißt: das Böse durch das Gute zu überwinden. Lasst euer Herz nicht gefangen nehmen.

Schon zweitausend Jahre ist es her, dass du hier am Nordufer des Sees Genezareth die kraftvollste Rede der Menschheitsgeschichte gehalten hast. Trotz deiner schlechten Erfahrung mit Gewaltfreiheit und trotz schlechter bisheriger Erfahrungen in der Menschheitsgeschichte: Du selbst gibst die Hoffnung auf Rettung nicht auf. Wäre ein Atomkrieg nicht eine Strafe Gottes?

Unser Gott der Liebe straft nicht. Ihr straft euch allenfalls selber. Wie kann Gott das alles zulassen?, fragen sich viele Menschen. Doch diese Ausreden sind typisch menschlich. Nicht Gott baut Atombomben, die Menschen tun es. Ihr könnt nur ernten, was ihr sät. Das ist ein geistiges Grundgesetz eures Hierseins. Das Gottesreich, von dem ich sprach und spreche, ist ein Reich der Liebe und des Friedens, ein Reich der

Wahrheit und Gerechtigkeit und ein Reich der Freiheit. Menschen haben immer auch die Freiheit, sich gegenseitig zu vernichten, sonst wären sie nicht wirklich frei. Aber mit dieser Freiheit haben sie auch Verantwortung. Verantwortete Freiheit.

Dieses Reich Gottes ist freilich kein geografischer Ort, sondern ein Zustand der Seele, ein Zustand von Freiheit, Frieden und Gerechtigkeit, eine neue Ordnung der Liebe, eine Revolution der alten Ordnung, die aus Gehorsam, Unterdrückung und Unterwerfung bestand. Die einzige wirkliche Großmacht auf dieser Erde ist die menschliche Seele. Diese Wahrheit ist der Atem allen Lebens. Noch könnt ihr euch von der Bombe befreien. Aber die Zeit wird knapp.

Was ist das Geheimnis der Gewaltfreiheit und des gewaltlosen Widerstands?

Durch Waffen entstehen keine Lösungen von Konflikten, sondern immer nur neue Konflikte. Kriege wurden von Menschen erfunden – also können Menschen sie auch wieder abschaffen. Wie kam es denn 1989 zum Ende der Ost-West-Konfrontation und zum Fall der Berliner Mauer? Durch gewaltfreien Widerstand! Die vielen Tausend Bürgerrechtler der ehemaligen DDR riefen bei den Demonstrationen: »Keine Gewalt!« Horst Sindermann, Präsident der Volkskammer, meinte nach der größten gewaltfreien Demonstration der DDR-Geschichte am 9. Oktober 1989: »Mit allem haben wir gerechnet, nur nicht mit Kerzen und Gebeten.« Noch im Sommer 1989 hielt kaum jemand in Deutschland die deutsche Wiedervereinigung für realisierbar, doch schon wenige Monate später war sie Realität. Der *Spiegel* nannte die Wiedervereinigung ein »Wunder«. Es war aber kein Wunder, sondern das logische Ergebnis einer gewaltfreien Revolution, bei der Hunderttausende ihre frühere Angst überwinden konnten. Der Mut zur Gewaltfreiheit und zum Widerstand hatte die Staatsmacht, die über Panzer und Raketen verfügte, besiegt. Ich habe vor zweitausend Jahren in meiner Bergpredigt die Gewaltfreien seliggepriesen, weil allein die Gewaltfreiheit die Möglichkeit schafft, die Gewaltteufelei zu überwinden – damals die römische Gewaltteufelei, heute die atomare Gewaltteufelei.

Was heißt das ganz konkret und praktisch für unsere heutige Politik?

Das heißt: Werdet Wehrdienstverweigerer, nehmt keine Arbeit in Rüstungsunternehmen an, zahlt keine Steuer für Rüstung und stoppt eure Waffenexporte. Waffenexporte sind ein Bomben-Geschäft. Und sie sind in den meisten Fällen Beihilfe zum Massenmord. Steckt die vielen Milliarden Dollar, Euro, Yen oder Rubel, die bisher für Rüstung

und Militär und atomare »Abschreckung« aus-
gegeben wurden, in soziale Projekte und in den
Klimaschutz, in eine intelligente Energie-, eine
ökologische Verkehrs- und in eine nachhaltige
Landwirtschaftspolitik. Nur durch mehr Gerechtigkeit – auch mehr Respekt gegenüber der Natur – entsteht Frieden. Schließt die Grenzen für
Waffen, öffnet sie für Menschen. Das 21. Jahrhundert kann noch immer ein Jahrhundert des
Dialogs, ein Jahrhundert der Achtsamkeit und
der sinnvollen Kompromisse werden. Wenn ihr
Deutschen euer Grundgesetz, Artikel eins ernst
nehmen würdet – »Die Würde des Menschen
ist unantastbar« –, dann müsste der Grundsatz
Nummer eins eurer Außenpolitik heißen: »Nie
wieder Krieg.«

*Aber Deutschland hat seit 1945 keine Kriege mehr
angezettelt.*

Aber es ist dennoch an Kriegen beteiligt. Ein ach
so redlicher deutscher Autokonzern ist ein füh-
render Exporteur von Militärfahrzeugen an dik-
tatorische Regime, genehmigt vom »Bundes-
sicherheitsrat« der Bundesregierung. Eine
deutsche Waffenschmiede exportiert ihr G3-Ge-
wehr in die halbe Welt. Allein damit wurden in
den letzten Jahrzehnten etwa zwei Millionen
Menschen getötet. Der Weg zum selbst fahren-
den Auto ist nicht mehr weit, wo aber bleibt der

selbst denkende Mensch? Ihr wisst, dass ihr schon einige Mal nur durch Glück am Atomkrieg vorbeigeschrammt seid. So sagte der frühere US-Verteidigungsminister Robert McNamara: »Wir standen so nah am Abgrund. Wir haben den Atomkrieg nicht durch kluges Management verhindert. Wir hatten Glück.« Wie oft wollt ihr nur noch Glück haben? Der Krug geht nur so lange zum Brunnen, bis er bricht. Und der letzte Krieg wird kommen, wenn ihr ihn nicht grundsätzlich unmöglich macht.

Wie aber funktioniert die Befreiung zum Frieden konkret? Wie können die Menschen lernen, mehr zu vertrauen, herzlicher zu lieben, leidenschaftlicher zu hoffen? Wie also könnte deine Friedenspädagogik praktisch aussehen?

Ihr könnt Frieden um euch nur finden, wenn ihr zuvor Frieden in euch findet. Es macht wenig Sinn, wenn die Vereinten Nationen Kriege verbieten oder ächten, wenn auf der anderen Seite Menschen nicht verstehen, warum Menschen zu Kriegen fähig sind. Ihr habt einfach noch zu wenig Erfahrung gesammelt, dass sich heilend auswirkt, was ich in der Bergpredigt gelehrt habe. Meine Bergpredigt ist keineswegs Schnee von gestern, sondern Medizin für ein besseres Morgen – gerade im Atomzeitalter ist ein tieferes Vertrauen in die Heilkraft der Gewaltfreiheit die

Überlebensfrage der Menschen. Genauso wie meine Apostel damals habt ihr auch heute zu wenig Vertrauen – Vertrauen in eine Kraft, die euch trägt, während ihr verzweifelt; Vertrauen, das eurem Leben Sinn vermittelt, während ihr euch selbst nicht mehr versteht; Vertrauen, das euch Schutz und Sicherheit bietet, wenn ihr auf Gewalt nicht länger mit Gegengewalt antwortet und auf Angst nicht länger mit noch mehr Angstverbreitung reagiert. Leider ist in eurer Bibelausgabe das, was ich in meiner aramäischen Muttersprache mit »Vertrauen« meine, immer mit »Glauben« übersetzt worden. Eine fatale Fehlinterpretation. »Glauben« assoziiert ihr immer mit Zwang: Ihr *müsst* glauben. Vertrauen jedoch meint das, was ich nach jeder Heilung den Geheilten gesagt habe: »Dein Vertrauen hat dich gesund gemacht.« Ich meinte: dein Vertrauen in die Heilkraft der Natur, dein Vertrauen in dich selbst und dein Vertrauen in Gott. Dafür habe ich im Aramäischen ausschließlich das Wort *humunata* und das Verb *hemin* gebraucht. Das meint niemals, sozusagen im kirchlichen Sinne, blind zu glauben, es meint ganz eindeutig: vertrauen. Vertrauen wächst von innen, Vertrauen basiert auf erfahrungsgetränkter Freiheit. Das kirchliche »Glauben« hingegen hängt immer mit äußerem Zwang und mit Angstbesessenheit zusammen. Mit meiner Idee, mit mir selber hat das nicht das Geringste zu tun.

*Was sagst du den Menschen, wenn sie Angst haben
vor Veränderung, Angst vor einer besseren Welt?*

Es ist eure Angst, die euch ins Atomzeitalter geführt hat. Vertrauen hingegen ist die *seelische*
Kernenergie mit unbegrenzter Strahlkraft. Es
gibt überhaupt keinen Grund, Angst zu haben
vor einer Wende. Ihr müsst nur lernen, auf die
Energie von oben, von ganz oben, zu vertrauen.
Vertrauen ist das Schlüsselwort meiner Lehre
und das Zauberwort für eine bessere Welt. Vertrauen ist so religiös wie politisch: Wem vertraut
ihr mehr: der Sonne unseres Vaters oder der
Atomkraft? Atomenergie ist ein Anschlag auf die
Schöpfung. Heute würde ich lehren: Du sollst
den Kern nicht spalten – eine Art elftes Gebot.
Gerade jetzt im Atomzeitalter kann euch nur
noch eine spirituelle Politik retten, also Ver-
trauen ins Leben, Vertrauen in die Naturgesetze.
Ich wollte auch deshalb keine kirchlichen Institutionen mit Riten und Regeln, weil ich weiß, dass
Institutionen kontrollieren, anstatt zu vertrauen.
Ich wollte immer das Selbstvertrauen und das
Gottvertrauen von Menschen inspirieren.

*Hast du trotz aller Enttäuschungen und Rückschlä-
gen noch Hoffnung, dass deine Lehre der Gewaltfreiheit, der Gerechtigkeit und der Bewahrung der
Schöpfung irgendwann besser als bisher verstanden
und vor allem auch konsequent praktiziert wird?*

Keine Gewissheit, aber Hoffnung durchaus. Ihr habt immer die Freiheit der Entscheidung. Ihr habt gelernt, dass Kooperation und Kompromisse vernünftiger, vorteilhafter, menschlicher und erfolgreicher sind als Kriege, Rache und Gewaltanwendung. Die jetzt sechzigjährige Geschichte der Europäischen Union beweist, dass fast ein ganzer Kontinent in Frieden leben kann. Noch nie hat ein Land der Europäischen Union nach 1945 gegen ein anderes EU-Land Krieg geführt. Die Europäische Union ist das erfolgreichste Friedensprojekt der Nachkriegsgeschichte – ein beinahe biblisches Projekt –, freilich mit noch großen Defiziten bei der Gerechtigkeit und beim Klimaschutz. Vor gerade einmal hundert Jahren war ein solches Friedensprojekt noch reine Utopie. Dieses positive Beispiel zeigt, dass Frieden grundsätzlich möglich ist und dass Menschen generell lernfähig sind. Es ist nicht wahr, dass alles so bleiben muss, wie es immer war. Wer will, dass die Welt so bleibt, wie sie ist, will nicht wirklich, dass sie bleibt.

Wie und was kann das Friedensprojekt Europa heute zum Frieden in der Welt beitragen?

Europa hat die Mittel und die Kraft, gemeinsam mit Afrika den Hunger und das Elend auf seinem südlichen Nachbarkontinent zu besiegen. Europa kann sofort beschließen, keine Waffen mehr zu exportieren. Europa kann erfolgreich die Korruption in armen Ländern bekämpfen, gemeinsam und solidarisch. Europa, das Hunderte Milliarden Euro zur Rettung der Banken aufgebracht hat, hat auch die Möglichkeit, in einer gemeinsamen Anstrengung die Jugendarbeitslosigkeit in seinen südlichen Regionen zu überwinden. Europa kann dem Militarismus ein Ende bereiten, indem es sein Militär den Vereinten Nationen als Friedenstruppe unterstellt. Wenn Europa jedoch nicht Schluss macht mit dem Nationalismus, dann kann wieder passieren, was eure Eltern und Großeltern erleben mussten. Aber welch ein attraktives Europa, das in andere Regionen der Welt positive Signale sendet! Das Europa von heute – das ist nach Hunderten von Jahren mit immerwährenden Kriegen, Konflikten und Gewalt das große politische Wunder. Das Goldene Zeitalter der europäischen Geschichte hat begonnen. Europa ist eure zweite Heimat. Ein beinahe unverdientes Paradies. Eine Schutz- und Rechtsgemeinschaft.

Was ist mit deiner früheren Heimat, dem Nahen Osten? Gegenwärtig sind Millionen Menschen aus dieser Region auf der Flucht nach Europa. Politische Wunder sind möglich, wenn genügend Menschen dafür arbeiten. Aber: Ist Frieden im Nahen Osten, speziell zwischen Israel und Palästina, nicht schier unmöglich?

Auch die deutsch-französische Freundschaft schien bis 1945 unmöglich, ist aber heute Realität. Auch die Europäische Union schien unmöglich und ist Realität. Ich halte es für denkbar, dass künftig zwei Staaten, Palästina und Israel, mit jeweils einer Minderheit des anderen Volkes und mit einer gemeinsamen Hauptstadt friedlich miteinander koexistieren. So hat es der Theologe und Psychotherapeut Gottfried Hutter vorgeschlagen. Er hat seit vielen Jahren beste Kontakte zu zahlreichen religiösen und politischen Persönlichkeiten im Nahen Osten, die den Vorschlag für realistisch und realisierbar halten. Hauptstreitpunkt für beide Seiten sind heute ja die israelischen Siedler im Westjordanland. Genau daraus lässt sich aber eine Lösungsmöglichkeit entwickeln. Die israelischen Siedler könnten die künftige Minderheit in Palästina werden. So wie viele Palästinenser die künftige Minderheit in Israel sind. Beide Minderheiten müssen einen besonderen staatlichen Schutz erhalten. Jerusalem kann die gemeinsame Hauptstadt von Palästina und Israel sein. Eine Zeit lang müssten wohl die Vereinten Nationen die Minderheiten auf beiden Seiten schützen, notfalls auch militärisch. Die jeweiligen Minderheitenrechte müssten durch internationale Verträge gewährleistet werden, und beide Seiten müssten offen sein für geringfügige Grenzkorrekturen.

Das bedeutete aber noch keinen Frieden.

Wie war es denn in Europa nach 1945? Die wirtschaftliche Kooperation war die Basis und Ansporn für Wohlstand und politische Zusammenarbeit. Auch Palästina und Israel und ihre jeweiligen Minderheiten könnten ökonomisch zusammenarbeiten und andere arabische Länder zu einer Nahost-Gemeinschaft einladen – mit dem Ziel, Frieden und Wohlstand zu schaffen. Dabei könnte nach dem Vorbild der Europäischen Union ein neues Wirtschaftswunder geschaffen werden. Am Anfang müssten natürlich vertrauensbildende Schritte stehen, ähnlich wie beim Überwinden des Kalten Krieges. Den ersten Schritt zur Aussöhnung zwischen Polen und Deutschland gingen die katholischen Bischöfe beider Länder, als sie zueinander sagten: »Wir vergeben und wir bitten um Vergebung.« So entsteht wirklicher Frieden. Das Ziel muss die Aussöhnung der gesamten Region sein. Dabei könnten die drei abrahamitischen Religionen eine zentrale Rolle spielen. Sie basieren doch alle auf den Werten Liebe, Frieden und Barmherzigkeit. Eine starke politische und spirituelle Persönlichkeit müsste diese Vision, nach der sich Millionen Menschen aller Religionen im gesamten Nahen Osten sehnen, nachhaltig, glaubwürdig und öffentlichkeitswirksam vertreten, ähnlich wie Michail Gorbatschow, der vor über dreißig Jahren den Mut zum ersten Abrüstungsschritt hatte. Vielleicht eine Frau wie Angela Merkel. Auch kluge Politiker und Religionsführer in Saudi-Arabien und Iran hoffen auf diese Vision. Und ein wachsender, kreativer Nahost-Frieden könnte der Schlüssel für den Weltfrieden werden. Die bisherige Nahost-Politik war und ist zu visionslos. Gerade die Bedeutung der Religionen für den Frieden wurde von den Vereinigten Staaten in allen Verhandlungen übersehen. Die Geschichte nach 1945 lehrt aber, dass selbst der Punkt des tiefsten Konflikts der Beginn zur Versöhnung sein kann. Frieden ist grundsätzlich immer möglich. Das Gegenteil zu behaupten ist Ideologie und menschenfeindlich.

Diese Vision scheint heute auf beiden Seiten, in Israel und Palästina, aber auch aufseiten der USA oder der Europäischen Union als mögliche Vermittler, unrealistisch.

Voraussetzung für einen Erfolg ist natürlich ein neues, ein anderes Denken – ein Denken »vom Ende her«. Als Vorbild könnte die alttestamentarische Geschichte von der Versöhnung zwischen den beiden verfeindeten Brüdern Jakob und Esau dienen: Vor viertausend Jahren trafen sich diese beiden »Erzfeinde« nach jahrzehntelangem Streit. Jakob hatte Esau betrogen und Esau wollte ihn töten. Als aber Jakob nach einem nächtlichen Traum Esau in einer Demutsgeste um Verzeihung bat, war Esau tief berührt und sagte: »Willkommen, mein Bruder. Unser Land ist groß genug für uns beide.« Auch Israelis und Palästinenser können heute erkennen, dass ihr »Land groß genug für uns beide« ist. Beide sollten dies vor den Vereinten Nationen bekennen und einander um Verzeihung bitten. Entscheidend wird sein, ob einer den Mut zum ersten Schritt hat. Dieser erste Schritt in eine neue Richtung ist immer grundlegend.

Hast du noch mehr Beispiele für das »vom Ende her Denken«, wie du es genannt hast?

Gerade religiöse Menschen, für die der Tod nicht das Ende ist, können lernen, »vom Ende her« zu denken. Solche Menschen werden im Angesicht der Ewigkeit gelassener. Nur wenn Politiker »vom Ende her« denken, werden sie lernen, das Kriegsdenken aus der Vergangenheit zu überwinden. Der frühere Ministerpräsident von Sachsen-Anhalt, Reinhard Höppner, hat sich auf meine Bergpredigt berufen, als er schon vor zwanzig Jahren vorschlug, zur Überwindung des Afghanistan-Kriegs mit den Taliban zu reden. Er dachte »vom Ende her«. Höppner wurde verlacht. Das Ergebnis ist eine politische Katastrophe und unermessliches menschliches Elend bis heute. Hätte George W. Bush 2003 »vom

Ende her« gedacht, wäre der Welt eine weitere Eskalation im Nahen Osten erspart geblieben.

Noch ein positives Beispiel: Charles de Gaulle und Konrad Adenauer haben in den 1950er-Jahren »vom Ende her« gedacht und gehandelt und konnten deshalb nach den beiden Weltkriegen endlich Frieden stiften. Sternstunden echter Menschlichkeit und politischer Humanität. Vertrauen in die eigene Kraft kann Berge versetzen und Angst überwinden. Die genannten Beispiele machen Mut und zeigen, dass »vom Ende her denken« Weitsicht ermöglicht und Friedenschancen eröffnet. In jedem Menschen steckt die Kraft der Veränderung. Das gilt auch für Palästinenser und Israelis.

Warum hat sich in den letzten hundert Jahren die gemeinsame, Frieden stiftende Kraft der Religionen nicht entfalten können?

Alle drei Religionen, ob Judentum, Christentum oder Islam, haben Angst voreinander. Es ist die Angst eines jeden vor der Übermacht der anderen. Bisher hat diese Angst zu Misstrauen und Krieg geführt. Diese Angst kann aber niemals militärisch überwunden werden, sondern nur durch Barmherzigkeit. Frieden verlangt Barmherzigkeit. Judentum, Islam und Christentum haben bisher wesentlich zum Konflikt im Heiligen Land beigetragen. Sie können jetzt der geschundenen Region zum Frieden verhelfen. Ihre gemeinsame Basis heißt: verstehen statt verurteilen, versöhnen statt vernichten, lieben statt hassen. Empathie ist der Weg zum Frieden. So arbeiten schon jetzt viele Frauengruppen und Schulen in Israel und Palästina zusammen. Aus dieser Zusammenarbeit wird Frieden erwachsen.

Vorhin hast du vom »Wunder der Wiedervereinigung« gesprochen. Wie sind denn deine Wunder und deine Gleichnisse von damals heute im Zeitalter der Aufklärung und der Wissenschaft zu verstehen?

Meine Gleichnisse und Wunder sind primär als seelische Erlebnisse und als psychische Gesundungsprozesse zu verstehen. Die Aufklärung, auf die sich eure Intellektuellen so viel einbilden, war überwiegend verstandsorientiert und materialistisch ausgerichtet. Die Auswüchse dieser Aufklärung sind die Umweltkatastrophen der Gegenwart und ein möglicher Atomkrieg. Ihr dürft nicht alles tun, was möglich ist. Mehr Freiheit bedeutet immer auch mehr Verantwortung. Mit dem Verstand allein kommt ihr nicht zur Vernunft. Heute bedarf es des nächsten Schrittes, also einer Aufklärung der Aufklärung. Die moderne Biologie, die Neurologie, vor allem die Neurobiologie und die Neuropsychologie, haben wichtige Vorarbeit geleistet, um zu verstehen: Menschen können sich ändern, bis ins hohe Alter. Sie sind lernfähig bis zum letzten Atemzug. Und das Vertrauen auf die Liebe Gottes stärkt das Immunsystem, während die Angst vor einem strafenden Gott die Zellen schwächt. Den Menschen geht es besonders gut, wenn sie anderen Gutes tun, sie werden sogar älter durch Altruismus, Liebe und Vertrauen. Die Menschen sind gar nicht die Bestien, als die sie sich selbst jahrtausendelang gesehen haben. Liebevolle Gedanken und Gefühle gehen bis in die kleinsten Körperzellen und halten die Menschen veränderbar und lernfähig. Gute Gedanken treiben die Selbstheilungskräfte an und stärken die Verantwortungsfähigkeit. Oft ist es so: Menschen sind böse, weil sie nicht wissen, dass sie gut sind. Das gilt im persönlichen wie im politischen Leben.

Woher sollen Menschen die Kraft nehmen, die sie dazu befähigt, Hass mit Liebe, Gewalt mit Gewaltfreiheit und Böses mit Gutem zu vergelten, so wie du es vorgeschlagen hast?

Ich wollte nie eine Religion als Institution gründen. Ich wollte vielmehr alle Religionsgrenzen durch eine tiefere Humanität überwinden. Die einzige »Religion«, die ich kenne und die ich gelehrt und gelebt habe, ist die eines guten menschlichen Herzens. Das Herz ist viel mehr als ein Organ. Es ist der Spiegel unserer Wirklichkeit und das Symbol der Liebe und des Mitgefühls.

Im menschlichen Herzen offenbart sich die Wahrheit. Unser Gott ist kein Buchhalter der Moral, sondern ein Liebhaber des Lebens. Er wohnt in eurem Herzen. Und er spricht zu euch über euer Herz und über eure Träume.

Der französische Schriftsteller Antoine de Saint-Exupéry hat einmal gesagt: »Man sieht nur mit dem Herzen gut. Das Wesentliche ist für die Augen unsichtbar.«

Genauso ist es. Und als meine Lehre vor etwa zweitausend Jahren aufgeschrieben wurde, hörte Gott nicht auf, zu euch zu sprechen. Und dennoch wurde meine Lehre als das für die Ewigkeit festgeschriebene Dogma missverstanden und zu einer Ideologie von Moral, Macht und Angst missbraucht. So habe ich im Vaterunser nie gebetet »Und führe uns nicht in Versuchung«. Unser himmlischer Vater ist doch kein Zyniker, der uns in Versuchung führen will! In meiner aramäischen Muttersprache habe ich wörtlich gesagt: »Lass retten uns aus unserer Versuchung« – vor allem aus der Versuchung der Gleichgültigkeit. Ein einziger Satz und die ganze Welt ändert sich. In all meinen Geschichten führt euch der Teufel in Versuchung, nicht aber unser gütiger Gott. Ein guter Vater führt seine Kinder nicht in Versuchung, er hilft ihnen in Schwierigkeiten.

Eine ganz andere Frage, die mich aber nicht minder beschäftigt: Gibt es eine beste aller Religionen?

Die Religion, die dich am nächsten zu Gott führt. Es ist reiner Hochmut, eine bestimmte Kirche oder Religion als die bessere gegenüber anderen anzusehen. Gott schaut nicht auf eine bestimmte kirchliche Organisation, sondern auf das menschliche Herz. Religionen können vielleicht Hilfsmittel sein, um den Weg zu Gott zu finden. Aber das Ziel ist Gott, nicht eine bestimmte Religion.

Wurde deine Lehre immer mehr verfälscht, je größer der zeitliche Abstand zu dir wurde?

Dreihundert Jahre nach meinem Tod wurde das Christentum offiziell zur Staatsreligion des Römischen Reichs und damit anfällig für Machtspiele. Die Theologen haben auf diese Weise aus meiner Befreiungstheologie ein Machtinstrument geschmiedet und meinen liebenden Vater-Mutter-Gott zu einem Götzen erniedrigt. Aus der bis dahin verfolgten Kirche wurde selbst eine verfolgende Kirche, aus meiner Lehre des Dienens wurde eine Ideologie des Herrschens und aus der Kirche der Armen überwiegend eine Kirche der Reichen und der Herrschenden.

Also ist liebevolles Vertrauen in eine gute Zukunft wichtiger als die klassischen Religionen?

Die christlichen Dogmatiker sollten endlich lernen, dass es keinen wirklichen, umfassenden Verstand gibt, solange es keine Liebe gibt. Die jahrtausendealte christliche Opfertheologie ist psychotherapeutisch eine Katastrophe. Wer helfen will, die Welt zu verbessern, darf den Einzelnen nicht opfern, sondern muss ihn dabei unterstützen, dem Terror des Kollektivs, auch und gerade des kirchlichen Kollektivs, zu entfliehen und den Weg in die Freiheit zu suchen. Die »Liebesgebote« der Kirchen haben über Jahrtausende zu Milliarden menschlichen Tragödien geführt. Aber der Geist und die Liebe lassen sich nicht verbieten und verbiegen. Gebote führen zu Scheuklappen und Ketten. Gott wohnt nicht in der Höhe. Ihr müsst ihn endlich auf die Erde lassen, in euer Herz. Also: Wohl dem, der meine Botschaft hört und sie befolgt. Wenn ihr eurem Herzen folgt, dann sorgt die geistige Welt wie von selbst für euch. Die geistige Welt ist die wahre Welt. Was ihr hier Leben nennt, das ist nur die Vorbereitung auf das ewige Leben in der geistigen, der wirklichen Welt. Und: Aus der allumfassenden Umarmung Gottes könnt ihr niemals herausfallen. Habt Vertrauen in Gottes Arme. Es gibt keinen Grund, den Tod zu fürchten.

Gewalt und Ausbeutung sind die Zwillingsschmarotzer unserer Zeit –
Gerechtigkeit statt Unterdrückung

Franz Alt: Kommen wir nach dem Thema Frieden zu deinem zweiten großen Thema, der Gerechtigkeit. Deine Geschichte vom barmherzigen Samariter ist Weltliteratur geworden. Sie ist auch meine Lieblingsgeschichte. Du erzählst sie bei einem Streitgespräch und bringst damit einen frommen Schriftgelehrten zum Schweigen. Auf der Straße zwischen Jerusalem und Jericho liegt ein verletzter Mann, vielleicht ein zusammengeschlagener Flüchtling. Wegelagerer oder vielleicht auch Schlepper haben ihn ausgeraubt. Ein frommer Priester kommt vorbei, sieht ihn und – lässt ihn liegen. Ebenso geistig blind verhält sich ein zweiter Religionsdiener. Dann nähert sich dem Hilfsbedürftigen ein im Sinne der frommen Juden gottloser Samariter. Doch dieser Atheist kümmert sich liebevoll um den Verletzten. Er verbindet seine Wunden, bringt ihn ins nächste Gasthaus, zahlt dem Wirt den Aufenthalt und lässt noch Geld da für die

Pflege. Gewiss, eine erschütternde Geschichte und eine Provokation für fromme Seelen, aber wir leben heute in einer Zeit, in der fünfundsechzig Millionen Flüchtlinge unterwegs sind – aus Syrien, dem Irak, aus Afghanistan, aus Ostafrika –, und durch die sich verstärkende Klimaerwärmung werden es bald hundert Millionen sein. Die Vereinten Nationen meinen sogar, dass am Ende dieses Jahrhunderts zwei Milliarden Menschen als Flüchtlinge über unseren Globus irren werden, wenn wir die Klimaerwärmung nicht endlich stoppen. Können die Probleme Afrikas in Europa gelöst werden?

Jesus: Nein! Hier ist ein gänzlich neues Denken vonnöten: In euren Köpfen und auch in den Köpfen vieler Afrikaner selbst ist Afrika immer noch ein Hungerkontinent, der Hilfe von außen braucht. Doch die Länder Afrikas müssen sich in erster Linie selbst helfen und ihre Entwicklung selber in die Hand nehmen. Effektive und intelligente Entwicklungshilfe ist primär Hilfe zur Selbsthilfe. Viel mehr Afrikaner sollten selbstständige Unternehmer werden. Denn jeder Mensch ist als Unternehmer geboren. In Notsituationen wie Dürren und Hungerkatastrophen ist Hilfe von außen überlebenswichtig. Afrika darf jedoch kein Bettelkontinent bleiben. Wenn mehr Afrikaner Unternehmer werden, dann kann sich »Trade statt Aid« entwickeln, fairer Handel statt Hilfe. Das entspricht der Würde der afrikanischen Menschen weit mehr als die klassische Bettelmentalität. Afrika kann und muss sich selbst ernähren. Nur dann entkommt der schwarze Kontinent seiner tragischen Opferrolle.

Und dennoch: Aus Liebe sollte Europa etwas zurückgeben von dem, was es selbst nach 1945 erhalten hat – durch einen Marshallplan, aber nicht *für* Afrika, sondern *mit* Afrika. Die Liebe ist wie die Sonne. Wo sie aufgeht, erwärmt sie alle.

Und wie nutzen wir dann die ersten Sonnenstrahlen?

Ein erster Schritt wäre ein Mindestlohn in den armen Ländern von einem Dollar pro Stunde. Wenn dieser Mindestlohn für die ganze Welt gilt, gibt es ökonomisch keine Wettbewerbsverzerrung und weniger Ausbeutung. Er wäre ein Gewinn für alle, weil er die Wirtschaftskraft der Ärmsten, die heute fünfundzwanzig Cent in der Stunde verdienen, enorm steigern würde. Und die Folge für die Industriestaaten? Ein in Bangladesch genähtes T-Shirt würde dann nicht mehr vier Euro neunundneunzig, sondern vielleicht fünf Euro zwanzig kosten. Für euch eine minimale Veränderung, aber ein großer Fortschritt bei der Überwindung des Hungers. Solange ihr in freien Wahlen aber solche unreifen Egozentriker wie Donald Trump wählt, werdet ihr Kriege führen, Milliarden fürs Militär ausgeben und das Klima aufheizen, wird der Hunger nicht überwunden werden können. Hunger ist das schändlichste und existentiellste Problem in einer von Natur aus reichen Welt.

Leider kann ich dir nicht widersprechen. Die Vereinten Nationen schätzen, dass unsere Erde bis zu zwölf Milliarden Menschen gut ernähren kann. Und dennoch hungern heute, im Jahr 2018, mindestens achthundert Millionen Menschen. Das ist in etwa jeder Neunte!

Das größte und zugleich riskanteste Geschenk, das Gott uns gab, ist unser freier Wille. Aber dieser freie Wille braucht auch Freiwillige. Der Hunger ist kein Naturgesetz, sondern menschengemacht. Und dennoch: Du hast bei meinem Gleichnis vom barmherzigen Samariter die Pointe vergessen. Am Schluss sage ich dem »Frommen«, der den verletzten Mann liegen ließ: »Geh und handle genauso.« Die große Hilfsbereitschaft in Deutschland bei der Flüchtlingskrise zeigt etwas von diesem Samariter-Geist – leider nicht überall im »christlichen« Europa. Der Kern meines Appells war, ist und wird bleiben: Barmherzigkeit, Vergebung und Mitleid mit den Armen. Bedenkt immer: Alles, was ihr besitzt, entspringt nicht eurer Leistung, es sind Geschenke zum Weiterschenken.

Wird Europa einmal daran gemessen werden, wie es mit Flüchtlingen umgeht?

Ja! Die Lehre meiner Samariter-Geschichte ist: Wer in Not ist, der ist dein Nächster. Ich möchte auf ein weiteres Samariter-Beispiel aus Afrika hinweisen: Das Bruttosozialprodukt des ostafrikanischen Staates Uganda ist hundertdreißigmal geringer als das Deutschlands. Dennoch hat dieses arme Land in den letzten Jahren ähnlich viele Flüchtlinge aufgenommen wie das reiche Deutschland: 1,2 Millionen. Aber in Uganda brennen keine Flüchtlingsheime und kein Politiker fordert eine »Obergrenze« für Flüchtlinge. Dort sitzt auch keine Partei im Parlament wie eure AfD, deren Programm hauptsächlich von Fremdenfeindlichkeit bestimmt ist. Ganz im Gegenteil: Der ugandische Minister für Flüchtlingsfragen, Musa Ecweru, sagte am Weltflüchtlingstag 2017: »Unsere Grenzen bleiben offen. Wir werden auch in Zukunft niemand abweisen. Wir können doch nicht sagen: Geh und stirb.« Und weiter, im Geiste des barmherzigen Samariters: »Wir bauen hier keine Lager, sondern Siedlungen, wo jede Familie einen Acker bekommt, um Lebensmittel anzubauen.« Zumindest das arme Uganda ist voller barmherziger Samariter. Europa kann von Uganda lernen. Die Flüchtlinge eurer Zeit brauchen viele Ugandas. Und viel mehr barmherzige Samariter.

Deine Worte zeigen mir erneut, dass deine »Religion« eine Religion der Tat ist, nicht der frommen Sprüche. Deshalb ist deine Botschaft wie Musik

für eine bessere Welt von morgen. Deine Ge-
schichte vom barmherzigen Samariter wiederum
ist keine komplizierte Theologie, sondern eine ein-
fache Erzählung, die jede und jeder leicht ver-
stehen kann.

Ich will damit sagen, damals wie zu allen Zeiten:
Gott will aus allen Völkern *ein* Volk, *sein* Volk
machen. Und aus allen Religionen *eine* Religion,
seine Religion. Und diese seine Religion heißt
Menschlichkeit. Barmherzigkeit ist ein anderer
Name für Gott.

Kann die globale Ungerechtigkeit auf andere Weise
als mit mehr wirtschaftlichem Wachstum gelöst
werden?

Eure derzeitige wirtschaftliche Wachstums- und
Expansionsstrategie ist die Ursache für den Kli-
mawandel und einer der Gründe für die Ausbeu-
tung der armen Länder. Euer Mantra »Wachstum,
Wachstum, Wachstum« ist nicht zukunftsfähig.
Nichts Irdisches wächst ewig. Die Wirtschaft der
Industriestaaten sollte nicht mehr wachsen, son-
dern reifen. Ihr braucht eine intelligentere Öko-
nomie, eine ökologische Ökonomie. Die armen
Länder hingegen brauchen mehr ökonomisches
Wachstum.

Der wichtigste Motor für Veränderung sind
Menschen, die gegen Ungerechtigkeit protestie-

ren. Ihr könnt lernen, eure Stimme zu erheben und sie nicht nur abzugeben. Das Kreuz auf dem Stimmzettel allein reicht nicht mehr, wenn ihr wirklich mehr Demokratie, mehr Freiheit und mehr Gerechtigkeit wollt. Denn politische Parteien und gesellschaftliche Systeme sind träge und die Herrschenden sind primär an der Aufrechterhaltung des Status quo interessiert. Die Millionen Flüchtlinge sind ein Weckruf für eine neue große soziale Bewegung als Lernfeld der Demokratie. Lernt neu streiten für mehr Gerechtigkeit.

Was ist der hauptsächliche Hinderungsgrund für das Aufstehen der Mehrheit?

Euer Hauptproblem sind nicht die »Bösen«, die es auch gibt. Euer Hauptproblem sind die vielen »Guten«, die nichts tun, weil sie nichts tun wollen, weil sie zu bequem oder zu doof sind selbst für einfache und leicht einsehbare Veränderungen. Aber auch hier gilt: Sie werden ernten, was sie säen. Niemand kann sich aus diesem geistigen Ur-Prinzip davonstehlen.

Die Klimaerwärmung trifft Afrika weit mehr als Europa, obwohl unser südlicher Nachbarkontinent weit weniger dazu beiträgt. Ein Afrikaner verbraucht etwa ein Vierzigstel der Energie eines Europäers. Mein Freund Abdulkarim Guleid aus So-

malia, viele Jahre Parlamentsabgeordneter in Addis Abeba für die dortige Minderheitspartei, hat mich über die derzeitige Dürre-Katastrophe in ganz Ostafrika informiert: Zwanzig Millionen Menschen sind akut vom Hungertod bedroht, davon fünf Millionen Kinder. Wir erleben die größte humanitäre Katastrophe seit dem Zweiten Weltkrieg. Mehr als zehn Millionen Tiere sind bereits verendet. »Sterben die Tiere«, sagt Abdulkarim, ein Nomade, »sterben auch bald die Menschen.« Eine Ursache für die Katastrophe ist sicherlich die Korruption. Aber selbst im demokratisch regierten Somaliland gefährdet hauptsächlich der Klimawandel die bisherigen Erfolge im Kampf gegen den Hunger. Von uns Reichen verursacht, führt der Klimawandel in ganz Ostafrika zu Dürre und Erosion, in Südafrika zur Entwaldung, in Nordafrika zur Wüstenbildung und in Westafrika zu Überflutungen. Was tun?

Die Vereinten Nationen haben 2015 zwar die Millenniumsziele beschlossen, wonach der Hunger bis 2030 besiegt sein soll, aber bislang fehlt ein Plan zur Finanzierung dieses wichtigen Ziels. Und wenn in dieser Situation die Regierung Trump beschließt, aus dem Pariser Klima-Abkommen auszusteigen, wird die Katastrophe noch größer. Die amerikanische Regierung ist verantwortlich für diesen Rückschlag im Kampf gegen den Hunger. Hungersnöte und damit steigende Flüchtlingsströme drohen nicht nur in Somalia und Äthiopien, sondern auch im Südsudan und in Haiti, in Teilen Indiens und in Bangladesch. Diese bevorstehenden Katastrophen zeigen, dass und wie alles mit allem zusammenhängt: die Klimaerhitzung mit dem Hunger, der Hunger mit den Flüchtlingsströmen, die Flüchtlingsströme mit der Energiewende und diese wiederum mit dem Klimawandel.

Gibt es denn gar keine Lösung?

Lernt, ganzheitlich zu denken und ganzheitlich Politik zu gestalten, dann habt ihr die Lösung für die wichtigsten Fragen eurer Zeit. Die Kraft kommt von innen und von oben. Den Weg dorthin habe ich euch aufgezeigt.

Konkret: Die Schöpfung unseres himmlischen Vaters sorgt für alle. Wenn ihr es intelligenter anstellt als bisher, dann muss bald kein Kind mehr verhungern. Die rasche globale Umstellung auf erneuerbare Energie könnte die kommenden Flüchtlingsströme noch verhindern. Lebensmittel sollten dort produziert werden, wo sie gebraucht werden, am besten in kleinbäuerlichen Strukturen. Die meisten Menschen wollen biologisch produzierte Lebensmittel – also Mittel zum Leben – und nicht die Fabriknahrung der großen Chemiekonzerne. Oft fressen die Schweine der Reichen die Nahrungsmittel der Armen. Wer weniger Fleisch isst oder sich ganz vegetarisch ernährt, leistet einen wichtigen Beitrag zum Klimaschutz, gegen den Hunger in der Welt und auch für seine eigene Gesundheit. Häufig produzieren arabische und chinesische Konzerne Nahrungsmittel in armen Ländern für den Export, während die heimische Bevölkerung hungert. Lokale Landwirtschaft fördern ist ein Schlüssel zur Lösung der Welthungerkrise.

Weltweit werden genug Lebensmittel produziert, doch ein Drittel geht durch Transport, Kühlung und falsche Lagerung verloren. In Deutschland werden circa vierzig Prozent aller Lebensmittel einfach weggeworfen. Die industrielle Landwirtschaft ist zu über zwanzig Prozent für die globalen Treibhausgase verantwortlich und damit auch für die Klimaerwärmung und den Wassermangel. Chemischer Dünger und schwere Maschinen gefährden Böden, Wasser und Lebewesen und damit auch die Basis der Welternährung.

Hier spricht der Freund der Gerechtigkeit, aber auch der ökologische Jesus, nach dessen Umweltprogramm ich im nächsten Kapitel dieses Buches fragen werde. Afrika wird aber noch lange das Sorgenkind bleiben?

Schon heute sind achtzehn Millionen Afrikaner auf der Flucht, weil sie in ihrer Heimat jede Existenzgrundlage verloren haben. Die allermeisten irren noch von Region zu Region, aber es werden bald Millionen Flüchtlinge nach Europa drängen, wenn die globalen Probleme nicht ernsthafter und schneller als bisher gelöst werden. Heute noch lasst ihr sie verhungern oder deutlicher: ermorden, sie werden aber bald in die reichen Länder drängen und sich dort holen, was ihnen zusteht. Die Betrogenen werden nicht mehr länger mitspielen. Jeder Mensch hat das Recht auf Leben.

Auch im reichen Europa gibt es ungerechte Strukturen zuhauf. Bis zu sechzig Prozent Jugendarbeitslosigkeit ist ein unerträglicher Zustand.

Wenn tatsächlich nicht genügend Arbeit für alle da ist, dann sollten zunächst die Arbeitszeiten so geändert und verkürzt werden, dass alle, die arbeiten wollen, auch arbeiten können. Ich träume von einer Welt mit mehr satten Menschen und mit weniger satten Gewinnen. Die große Ungerechtigkeit dieser Zeit ist primär aber nicht ein materielles oder ein Verteilungsproblem, sondern ein tiefer gehendes psychisches, ein spirituelles und ein philosophisches Problem. Seit mehr als zweieinhalbtausend Jahren ist Gerechtigkeit die oberste Tugend, und sie wird auch das zentrale Thema der nächsten Jahrzehnte sein. Substantielle Gerechtigkeit in einer globalisierten Welt bedeutet: Gerechtigkeit und Zukunft für alle. Fast jedes andere Thema ist verknüpft mit der Gerechtigkeitsfrage.

Die oberen zehn Prozent der amerikanischen Bürger besitzen fast dreimal so viel wie die unteren neunzig Prozent. Im reichen Deutschland wächst die Kinderarmut, aber auch die Altersarmut. Die Chance eines Akademikerkindes auf einen Studienplatz ist viermal so hoch wie die eines Arbeiterkindes. Kein Wunder, dass sich Millionen Menschen abgehängt fühlen und weltweit Neonationalisten und Rechtspopulisten wählen. Wie also wollen wir Gerechtigkeit und Zukunft für alle erlangen?

Gute Zukunft kann in meinem Sinne nur heißen: gute Zukunft für alle, überall auf der Welt. Die Menschen haben spätestens jetzt, in Zeiten der Globalisierung, eine universelle Verantwortung. Keiner kann sich mehr herausreden und sagen, ich habe nichts davon gewusst. Ich sehe politisch heute vier große Gerechtigkeitsaufgaben:

Erstens: Globalisierung der Menschlichkeit statt des Gewinnstrebens

Zweitens: Globalisierung des Teilens statt des Egoismus

Drittens: Globalisierung der Solidarität statt des Machtgewinns

Viertens: Globalisierung der Vernunft, der Liebesintelligenz und Lebensintelligenz statt der nationalistischen Vorurteile

Brauchen wir für mehr Gerechtigkeit ein anderes politisches System, bei dem die Ethik eine wichtigere Rolle spielt?

Für das politische System heißt das, nach den katastrophalen Erfahrungen mit Kommunismus und Turbokapitalismus: Ihr braucht eine ethische, sozialökologische Marktwirtschaft, in der das Leben im Mittelpunkt steht – und zwar alles Leben und nicht nur das menschliche Leben und auch nicht nur der Profit. Es geht darum, die Biologische Internationale endlich zu verstehen und anzuerkennen. Retten kann euch keine »freie Marktwirtschaft«, sondern nur eine Marktwirtschaft, die ökologische Grenzen anerkennt und den Markt sozial gestaltet. Dann wird die Ökologie die intelligentere Ökonomie der Zukunft.

Wie ist dein Verhältnis zu Geld?

Kein anderes Thema hat mich zu meiner Zeit so zornig werden lassen wie das vorherrschende kapitalistische Geldsystem. Als ich die damaligen Kapitalisten und Banker aus dem Tempel trieb, war meine Zeit abgelaufen. Dann haben die Herrschenden zugeschlagen und mich ans Kreuz genagelt. Mit Kapitalisten war noch nie zu spaßen. Ich weiß als Kapitalismus-Kritiker also sehr genau, wovon ich rede. Ich habe damals, vor zweitausend Jahren, die Grundsatzfrage gestellt:

Gott oder der Mammon? Ihr könnt nicht zwei Herren dienen. Das gilt auch in der Gegenwart. Papst Franziskus hat es auf den Punkt gebracht: »Diese Wirtschaft tötet.« Geldgierige Zocker und größenwahnsinnige Banker haben eine Weltwirtschaftskrise zu verantworten, die die Armen noch ärmer und die Reichen noch reicher gemacht hat. Diese Krise ist noch lange nicht vorbei. Hier tickt eine politische Zeitbombe, die euer demokratisches System mehr gefährdet als alles andere. Wenn das Geld keine dienende Funktion hat, kann der Kapitalismus zum Totengräber der Demokratie werden. Wenn Glaube wieder glaubhaft werden soll, dann muss er von solchen Missständen der Wirtschaft und des Lebens her begründet werden. Ich bin nicht für einen toten Glauben, sondern für einen gelebten Glauben ans Kreuz.

Kein Frieden und langfristig auch kein wirklicher Wohlstand ohne Gerechtigkeit. Gewalt und Ungerechtigkeit sind die Zwillingsschmarotzer eurer Zeit. In einer ethischen Marktwirtschaft steht die Arbeit im Mittelpunkt und nicht das Geld. Die Arbeit – und nicht das Geld – ist der Anfang und die Basis allen Wirtschaftens. Erst eine gewaltfreie Kultur und ein dienendes Geldsystem ermöglichen eine bessere Welt, in der nicht eine Minderheit von Millionären und Milliardären bestimmend ist, sondern eine Mehrheit von zufriedenen und glücklichen Menschen. Der Sinn eures Hierseins ist Glück.

Die Sonne des himmlischen Vaters scheint für alle –
Bewahrung der Schöpfung statt Krieg gegen die Natur

Franz Alt: Als Junge vom Dorf – Nazareth zählte zu deiner Zeit um die hundert Einwohner – bist du mit deinen Aposteln oben in den galiläischen Bergen und hier unten am See Genezareth entlanggewandert. Den Bauern hast du Geschichten von der Saat und dem Sämann erzählt, den Fischern die Geschichte vom reichen Fischfang, den Hirten die Geschichte vom verlorenen Schaf. Das sind lauter ökologische Bilder in deiner bäuerlich-handwerklich geprägten Umgebung, weshalb die Menschen dich auch so gut verstanden haben. Und das ist auch der Grund, warum wir diese Geschichten bis heute nicht vergessen haben. Wir leben in einer Art ökologischer Endzeit: Artensterben, Klimaerwärmung, Wüstenbildung, Ressourcenausbeutung, sterbende Ozeane, Eisschmelze und Anstieg des Meeresspiegels. Wir führen heute mit Kohle und Gas, mit Benzin und Öl einen Krieg gegen die Natur. Kannst du weiterhin einer Menschheit vertrauen, die sich als Homo sapiens *versteht, aber sich wie* Homo stupidus *benimmt?*

Jesus: Mit Sicherheit ginge es heute der Natur ohne Menschen besser. *Homo sapiens* wurde zum größten Schädling auf der Erde. Leider steht im Alten Testament – wieder einmal – der falsch übersetzte Satz: »Macht euch die Erde untertan.« Diesen Satz verstehen viele bis heute als Freibrief für die Natur- und Ressourcenausbeutung. Gemeint ist aber: »Macht euch *der* Erde untertan.« Das macht viel mehr Sinn.

Welches sind die drängendsten Umweltfragen, welches die drängendsten Probleme, die wir lösen müssen?

Zunächst einmal: Jede Weltklimakonferenz macht das Defizit an Weltordnungspolitik deutlich. Die infolge der Klimaerhitzung bevorstehende globale Trinkwasserkatastrophe kann nur durch eine globale Wasserpolitik einer Weltregierung und eines Weltparlaments gelöst werden. Die Vereinten Nationen schätzen, dass, wenn alles so bleibt, wie es heute ist, schon 2050 drei Milliarden Menschen keinen Zugang zu sauberem Wasser mehr haben werden. Aber die Vereinten Nationen haben keinen realistischen Plan, wie dieses Problem zu lösen ist. Zudem: Entscheidungen, die *alle* Menschen betreffen, sollten nicht länger nur in »Reichenclubs« behandelt werden.

In Bangladesch hat mir der dreißigjährige Bauer Salaudin erzählt, dass er bereits fünfmal sein Haus neu aufbauen musste, weil es durch den Anstieg des Meeresspiegels weggeschwemmt worden war. Diese dramatische Veränderung wird in vielen Inselstaaten oder niedrig gelegenen Ländern dafür sorgen, dass Millionen Menschen ihre Lebensgrundlage verlieren.

In Afrika lebt jeder Vierte direkt an der Küste und wird bald den Boden unter seinen Füßen verlieren, wenn ihr den Klimawandel nicht ernster nehmt. Auch hier gilt: Die Lösungen sind längst bekannt, doch die Umsetzung lässt viel zu lange auf sich warten. Das ist nicht nur gegenüber den Armen in den Dritte-Welt-Ländern unverantwortlich, sondern auch gegenüber eurer Jugend und gegenüber den Ungeborenen, euren Kindern und Enkeln. Wenn ihr mit dem Verbrennen von Kohle, Gas, Öl und Benzin so weitermacht wie in den letzten hundert Jahren, dann könnten bis zum Ende dieses Jahrhunderts zwei Milliarden Menschen auf der Flucht sein. Schon heute sind weltweit eine Milliarde Menschen innerhalb oder außerhalb ihres Landes auf der Flucht, viele auf der Suche nach sauberem Wasser. Das heißt mit anderen Worten: Jeder siebte

Mensch ist bereits ein Flüchtling. Das 21. Jahrhundert wird, mehr als alle früheren Jahrhunderte, aufgrund des Klimawandels das Jahrhundert der Flüchtlinge. Darüber muss einmal jeder und jede Rechenschaft ablegen. Aber noch könnt ihr die Entwaldung stoppen, die Wüsten begrünen, den Klimawandel begrenzen. Die Finanzmittel dazu habt ihr.

Die Wüsten begrünen? Kritiker würden dich angesichts einer solchen Vision verspotten.

Eure heutigen Probleme rühren daher, dass ihr materiell Spitzenplätze belegt, aber seelisch und geistig infantil geblieben seid. Ihr könnt nur ernten, was ihr sät – dieses Prinzip, unter dem jeder Mensch lebt, ist euch fremd. Wer Atomkraftwerke baut, bekommt nukleare Katastrophen. Wer noch immer Kohle verbrennt, bekommt die verstärkte Klimaerwärmung. Und wer noch immer Zehn-Liter-Autos fährt, bekommt Klimaflüchtlinge.

Ihr befindet euch heute – zumindest in den Industriestaaten – in einer *spirituellen* Wüste. Die Begrünung der Wüsten ist ein alter Menschheitstraum, der heute mithilfe der modernen Solartechnologien realisierbar geworden ist. Es wird bereits an vielen Stellen daran gearbeitet, der leise Atem der Zukunft ist also nicht mehr zu übersehen. Der Staat Israel hat es als Erster vor-

gemacht. Ihr könnt lernen, dieses Reservoir anzuzapfen, das voll mit lebendigem Wasser ist. So
ist es auch mit den seelischen Wüsten. Und wenn
du mich fragst, wo die Quelle ist, dann sage ich
dir: Es ist das Vertrauen in die Weisheit unseres
himmlischen Vaters, der für alle sorgt. Diese
Quelle liegt in euch und sie ist über euch. In der
Bergpredigt habe ich es so ausgedrückt: »Die
Sonne des Vaters scheint für alle und er lässt regnen für alle.« Die Sonne schickt uns, das haben
Astrophysiker errechnet, jede Sekunde unseres
Hierseins fünfzehntausendmal mehr Energie, als
zurzeit alle siebeneinhalb Milliarden Menschen
verbrauchen. Es reicht also für jedermanns Bedürfnisse, freilich nicht für jedermanns Habgier.
Kein Kind muss mehr verhungern, wenn ihr
endlich lernt, nicht mehr gegen die Natur, sondern mit der Natur zu leben, zu arbeiten und zu
wirtschaften.

Wenn wir nun von den konkreten Beispielen weggehen hin zum eher Allgemeineren, Übergeordneten, welches sind dann deine Ratschläge?

Die heutigen Überlebensfragen sind primär Fragen an euer Bewusstsein. Es mangelt – wie schon
immer – an Selbsterkenntnis. Der Grund eures
gegenwärtigen Leidens ist eure seelische Unfruchtbarkeit. Fortschrittliches, zeitgemäßes Bewusstsein und wirklicher Fortschritt sind nur

über seelisches Wachstum möglich. Menschen, die zum Beispiel an die Wiedergeburt glauben, tun sich leichter, Verantwortung für künftige Generationen zu übernehmen. Sie kommen ja selber wieder und sind auch deshalb ganz persönlich an einem Planeten interessiert, auf dem ein gutes Leben möglich ist. An der Bewahrung der Schöpfung mitzuarbeiten ist für jemanden, der eine Wiedergeburt als selbstverständlich erachtet, kluger und nachhaltiger Egoismus. So habe ich in meiner aramäischen Muttersprache im Neuen Testament achtmal von Wiedergeburt gesprochen. Alle entsprechenden Stellen wurden jedoch von den Theologen gestrichen. Sie haben immer geglaubt, mich verbessern zu müssen. Das ist übrigens einer der Gründe, weshalb im gesamten Abendland der Tod geradezu trivialisiert werden konnte. Er stellt jedoch einen Übergang oder eine Wiedergeburt in die geistige Welt dar und ist weder trivial noch schrecklich; vielmehr ist er die womöglich intelligenteste Erfindung des Lebens. Mit einem Wiedergeburtsglauben lässt sich die unausweichliche Tatsache des Todes besser und angstfreier verstehen. Wenn du lernst, wie man stirbt, dann lernst du, wie man lebt. Einerseits ist der Tod die Voraussetzung dafür, dass immer wieder Neues entstehen kann. Andererseits wisst ihr aus der Physik, dass Energie nicht verschwindet, sondern sich immer nur verwandelt. Das ist das Gesetz der

Energieerhaltung. Angst vor dem Tod führt unweigerlich zur Angst vor dem Leben und zu Zerstörung, weil die Sinnfrage nicht mehr zu beantworten ist. Doch auch auf diesem Terrain gibt es geistige Fortschritte. In den westlichen »christlichen« Ländern ist inzwischen jeder Vierte von der Wiedergeburt überzeugt, unter jungen Leuten liegt die Anzahl sogar weitaus höher. Das wird positive Auswirkungen auf eine wachsende ökologische Ethik haben. Diese Erde ist euer Schulungsplanet, auf dem ihr qua Wiedergeburt immer eine zweite Chance bekommt.

Lass mich als Journalist den Versuch unternehmen, eine ökologische Nachrichtensendung für diesen heutigen Tag zu formulieren, an dem wir hier am noch wunderschönen See Genezareth mit Blick auf die noch fruchtbaren Golanhöhen sitzen. Hier, zwischen Kafarnaum, wo du ein Haus hattest, und dem Berg deiner Seligpreisungen, haben dich rote Anemonen und die blaue Iris sowie ein einzigartiger Vogelreichtum zu deinen ökologischen Bildern von den »Blumen des Feldes« und »den Vögeln des Himmels«, die uns in ihrer »Sorglosigkeit« Vorbild sein sollen, inspiriert. Heute jedoch rotten wir täglich hundertfünfzig Tier- und Pflanzenarten aus, vergrößern die Wüsten jeden Tag um fünfzigtausend Hektar, verlieren täglich sechsundachtzig Millionen Tonnen fruchtbaren Boden und emittieren pro Tag über hundertfünfzig Millionen Tonnen Treibhaus-

gase in die Atmosphäre. Das hält der Planet auf Dauer nicht aus. Wenn wir so weitermachen, gehören wir zu den letzten Generationen unserer Spezies. Sind wir wirklich noch zu retten?

Du sagst es: *wenn* wir so weitermachen. Aber wo steht denn geschrieben, dass ihr so weitermachen *müsst*? Wer hindert euch an Alternativen, wenn nicht ihr selbst? Du hast ja mit deinen Fernsehsendungen, deinen Büchern und Tausenden Vorträgen in der ganzen Welt Millionen Menschen zum Umstieg auf erneuerbare Energien inspiriert. Du hast erlebt, dass sich Menschen ändern können, auch ihr Energieverhalten. Du selbst hast beim Meditieren hier an »meinem« See deine Einstellung zur Gewalt, zum Krieg und zur Atomenergie geändert. Warum also bist auch du noch immer so kleingläubig? Sei doch nicht so vertrauensarm! Hab vielmehr Vertrauen in die Wirkkraft der Worte, die ich am See Genezareth gesprochen habe. Warum sonst interviewst du mich denn jetzt?

Ein einfaches Rechenbeispiel: Wenn du in einem Jahr einen Menschen von der Notwendigkeit von Alternativen überzeugst, dann sind es schon zwei. Wenn diese zwei im nächsten Jahr wieder je einen überzeugen, dann sind es nach zwei Jahren schon vier, nach drei Jahren acht, nach zehn Jahren tausend, nach zwanzig Jahren eine Million und nach dreißig Jahren eine Milliarde. Das reicht zur Veränderung der Welt. Deshalb erzählte ich auch vor zweitausend Jahren die Geschichte von dem *einen* Samen, der hundertfach Früchte trägt. Und von dem kleinen Senfkorn, das den größten Baum hervorbringt. Hab doch mehr Vertrauen.

Magst du ein paar positive Beispiele dafür nennen?

Eine ökologische Ethik sollte sich von östlicher Mystik inspirieren lassen. Die Hindu-Mystik weiß: Gott schläft in den Steinen, er duftet in den Pflanzen, er träumt in den Tieren und er will in uns Menschen erwachen. Als Geschöpf Gottes ist jeder Mensch ein Tempel Gottes. Für Albert Einstein war Mystik die Fähigkeit, ehrfürchtig zu staunen. Mahatma Gandhi hat gewusst: »Göttlich zu werden bedeutet, mit der ganzen Schöpfung in Einklang zu sein.« Und Albert Schweitzer lehrte euch mit seiner »Ehrfurcht vor *allem* Leben«, dass jede wirkliche Veränderung tiefe psychische, kulturelle, ökonomische und politische Substanz braucht. Das Einheitserlebnis aller Mystiker aller Religionen ist: in *allem* das Göttliche erkennen, auch in Tieren und Pflanzen. Ehrfurcht und Staunen sind der Beginn der Überlebensweisheit. Darunter geht es heute nicht mehr. Erstmals in der Menschheitsgeschichte hängt euer Überleben von einer radikalen geistigen und seelischen Umkehr ab, von einer ethischen Ökologie.

Hast du dich je als Theologe verstanden? Wenn ich deine Geschichten lese, habe ich eher den Eindruck, dass du ein früher Ökologe warst. Du sprichst nur selten direkt von Gott, aber oft von Tieren und Pflanzen, von Acker, Aas und Ähre, von Dornen und Disteln, von Essen und Engeln, von Erde und Eseln, von Sonne, Sand und Saatkorn, von Seele und vom Segnen, vom Vater und von den Vögeln, vom Wachsen und Wandern, vom Wein und von den Weiden, von Wolken und vom Weizen, von Wundern und Wölfen, von der Wurzel und von der Wüste. Das alles ist doch mehr Ökologie als Theologie?

Das klingt nicht zufällig nach Naturpoesie, da hast du recht. Aber für mich war und ist die gesamte Schöpfung die wahre Offenbarung meines Vaters. Um ihn zu verstehen, braucht ihr doch keine komplizierte Theologie. Meine Naturgleichnisse sind keine romantische Poesie, eher die Vision einer gerade heute hilfreichen Gegenwart Gottes. Gott ist in allem und alles ist Gott. Ich zog mit meinen Freunden als Geschichtenerzähler und Wanderprediger durch die Dörfer in Obergaliläa, am Jordan entlang, durch Samaria und schließlich durch Peräa nach Jerusalem. Dort in der Hauptstadt wurde es bald gefährlich für mich. Aber das wusste ich und das wollte ich. Die einfachen Dörfler haben mich schon damals besser verstanden als die komplizierteren und naturfernen Städter. Meine

Naturbilder sind heute deshalb so wichtig, weil ihr in einer Zeit lebt, in der Menschen der Natur gefährlicher geworden sind als jemals zuvor.

Mit meinen Naturbildern will ich deutlich machen, dass die Technik allein euch nicht retten kann. Hilfreich ist vielmehr eine neue Verbindung von Technik und Ethik. Meine Naturbilder können euch helfen, eine ökologische Ethik, eine ökologische Theologie und eine ökologische Spiritualität zu entwickeln. Leider sind die real existierenden Kirchen kosmos- und schöpfungsvergessen, aber struktur- und institutionsversessen. Ihr könnt Gott aber nur in der Tiefe eurer Seele, in der Weite eures Herzens, in der Stille der Natur und in den Augen eines geliebten Menschen verstehen.

Besonders deine Sonnen- und Regenaussage in der Bergpredigt fasziniert Menschen seit jeher: »Er, Abba, lässt seine Sonne aufgehen über Gute und Böse. Er, Abba, lässt seinen Regen fallen über Gerechte und über Ungerechte.« In einer Zeit, die nach einem Solarzeitalter geradezu schreit, sind diese uralten Aussagen besonders attraktiv.

Die Sonne ist das Sinnbild für die Güte Gottes und für die Macht himmlischer Kräfte. Sie ist Garant und Quell allen Lebens. Sie schickt euch ihre Energie – wie Gott seine Liebe – kostenlos, umweltfreundlich und für alle Zeit. Das Zusammenspiel zwischen Sonne und Erde ist kein Zufall, sondern ein grandioses Wunder. Ohne Sonne kein Leben: kein Mensch, kein Tier, kein Baum, keine Pflanze. Wenn die Sonne nur drei Wochen nicht mehr auf euren Planeten schiene, wäre alles Leben tot. Lasst euch von der Sonne erleuchten. Beim gegenwärtigen Verbrauch hat die Sonne noch Brennstoff für weitere hundert Milliarden Jahre. Auf die Loyalität der Sonne haben sich die Menschen bisher zu allen Zeiten verlassen, gleich welcher Kultur, Religion oder Weltanschauung. Der solare Reichtum eures Planeten ist die Voraussetzung dafür, dass in Zukunft kein Kind mehr verhungern muss. Eine riesige Chance eurer Zeit, die frühere Generationen nicht hatten. Ihr müsst also auch keine Kriege mehr führen um Öl, wie etwa im Irak. Die Lösung eurer Energieprobleme steht am Himmel. Die Sonne scheint auf jedes Dach. Ihr müsst euch nur öffnen für die Energie von ganz oben. Die Sonne ist *die* Energiequelle für eine friedliche Welt und für alle Zeit.

Erst wenn ihr euch auf ein besseres Verständnis zur Natur und zur Sonne besinnt, werdet ihr erkennen, wo euer rechtmäßiger Platz im Universum ist. Das ist ganz offensichtlich, ihr habt es nur allzu lange nicht bemerkt. Alles dreht sich um die Sonne. Ihr seid abhängig von der Gnade der Sonne, aber die Sonne kennt keine Gnade. Gnade ist ein Geschenk Gottes als der Sonne hinter der Sonne. Der Energiewechsel ist eine ultimative Herausforderung. Er ist keine unerträgliche Belastung, wie die Vertreter der alten Energiewirtschaft nicht müde werden zu behaupten, sondern eine riesige wirtschaftliche Chance für die Industrieländer und eine einmalige Entwicklungsmöglichkeit für die armen Länder, die meist reich an Sonne sind. Jedes Jahr, um das die Energiewende verzögert wird, ist ein verlorenes Jahr. Knapp sind nicht die solaren Ressourcen, knapp ist die Zeit, die ihr noch habt.

Kannst du ein paar Beispiele für die Energiewende nennen?

Dass die Energiewende möglich ist, ist längst bewiesen. Seit dem Jahr 2000 hat sich weltweit der Anteil des Solarstroms verhundertfacht, der Anteil der Windenergie verfünfzehnfacht. Costa Rica und Island sind bereits zu beinahe hundert Prozent erneuerbar, ebenso wie in Deutschland der Landkreis Rhein-Hunsrück oder Ostfriesland. Ganz Deutschland hat den Anteil des Stroms aus erneuerbaren Quellen seit dem Jahr 2000 versiebenfacht, von damals fünf auf inzwischen siebenunddreißig Prozent. Im Jahr 2000 kostete die Produktion einer Kilowattstunde Solarstrom in Deutschland siebzig Cent, heute sind es nur noch sechs Cent, und in zehn Jahren vielleicht nur noch vier Cent. In sonnenreichen südlichen Ländern, die heute noch arm sind, wird Solar- und Windstrom ein wichtiger Wirtschaftsfaktor.

Er wird dort schon heute für zweieinhalb Cent pro Kilowattstunde produziert. Solarstrom ist Sozialstrom. Europa kann bis zum Jahr 2030, die Welt bis 2040 erneuerbar sein.

Warum ist das Solarzeitalter die Voraussetzung zur Rettung der Menschheit?

Ohne Energie geht gar nichts. Das gilt materiell wie auch geistig und seelisch. Solarenergie ist die einzige Chance, die globale Umweltkatastrophe noch zu verhindern. Die Milliardenfinanzströme für Energie müssen weg von Kohle-, Gas-, Öl- und Atomenergie hin zu Sonnen-, Wind-, Bio-, Wasser- und Erdwärme-Energie gelenkt werden. Noch könnt ihr die Irrwege des fossil-atomaren Zeitalters verlassen und Wege ins Jahrhundert der Umwelt finden. Dafür habt ihr noch ein Zeitfenster von vielleicht zwanzig Jahren. »Umdenken« ist ja schon seit Jahrzehnten ein Modewort, aber »Umhandeln« findet immer noch zu wenig statt.

Einer der Haupteinwände lautet natürlich, dass alles sei viel zu teuer …

Da möchte ich zurückfragen: Wie teuer wird es denn, wenn ihr nicht noch rechtzeitig umsteuert? Solarpolitik ist die Sozialpolitik der Zukunft. Denn wie einer deiner Bestseller zurecht überschrieben ist: Die Sonne schickt keine Rechnung!

Den Rohstoff gibt es umsonst als Geschenk des Himmels. Ihr braucht nur die Technik. Und diese wird durch Massenproduktion immer preiswerter. Energiewende kostet, das ist richtig. Aber keine Energiewende kostet euch die Zukunft. Schon heute ist in über sechzig Ländern Solarenergie die preiswerteste Energiequelle.

Was hat dich schon vor zweitausend Jahren veranlasst, uns auf die »Sonne des Vaters« hinzuweisen?

Die Sonne war und ist zu allen Zeiten der sichtbare Ausdruck der Schöpferkraft beziehungsweise der Liebe Gottes zu allem Leben. Zum Leben und Überleben braucht ihr die Energie direkt von oben, sozusagen direkt vom Chef. Der Sonnenkult war in allen Religionen der Urkult. Dieser Urkult wurde zur Kultur. Die Sonne verkörpert das Unendliche und ist – nach menschlichem Ermessen – auch eine Energiequelle ohne Ende.

Dem Staunen, der Stille und der Ehrfurcht bei einem Sonnenaufgang am frühen Morgen folgen das Staunen, die Stille und die Ehrfurcht beim Sonnenuntergang am späten Abend. Der *Sonnengesang* des Heiligen Franziskus über »Schwester Sonne« ist schönste Poesie. Niemand hat so gut verstanden wie er, was ich in der Bergpredigt mit meinem Hinweis auf die »Sonne des Vaters« gemeint habe, wenn er dichtet: »Sei gelobt, mein Herr, durch Schwester Sonne, sei gelobt, mein

Herr, durch Bruder Wind, sei gelobt, mein Herr, durch Schwester Wasser, sei gelobt, mein Herr, durch unsere Schwester, Mutter Erde«. Auch die »Theologie« des Franziskus war eher eine Ökologie.

Sonnenpolitik bestimmt künftig die klassische Energiepolitik und die Forschungspolitik, die Landwirtschafts- und Verkehrspolitik, die Steuer- und die Baupolitik, die Entwicklungs- und Wirtschaftspolitik. Auch die Außenpolitik. Sie erfordert den größten Paradigmenwechsel seit Beginn der Industriellen Revolution. Die Solarpolitik eröffnet die Chance, die bisherige »Ökonomie des Todes« zu überwinden und Wege zu einer »Ökonomie des Lebens und Überlebens« zu beschreiten.

Was genau meinst du mit der »Ökonomie des Todes«?

Das Öl-, Kohle- und Gaszeitalter führte zu einer hemmungslosen und verantwortungslosen Ausbeutung und Beschädigung eurer natürlichen Lebensgrundlagen. Die menschliche Zivilisation steht vor einem Ökizid, der Zerstörung der eigenen Lebensgrundlagen, wenn ihr alles aus dem Boden holt und verbrennt, was an fossilen Rohstoffen heute noch dort lagert. Die Natur hat es nicht zufällig dort abgelagert. Lasst es, wo es ist. Die Natur weiß es immer besser.

Erneuerbare Energiequellen im Solarzeitalter sind eine alternative Hoffnung auf eine neue, preiswerte, umweltfreundliche und sichere Energieversorgung für alle und nicht nur für die reichen Industriestaaten. Ihr könnt Schluss machen mit dem Verbrennen und Verbrauchen. *Ge*brauchen ist das neue Schlüsselwort. Wenn bisher Kohle, Gas, Benzin und Öl verbrannt wurden, waren sie in kurzer Zeit einfach weg. Ganz anders bei Sonne, Wind und Wasserkraft. Diese Rohstoffe werden nicht *ver*braucht, sondern nur *ge*braucht. Die Sonne scheint weiter und der Wind weht weiter und kann wieder benutzt werden. Sonne und Wind nehmen durch Gebrauch nicht ab. Natürliche Kreisläufe schließen sich.

»Solarzeitalter« ist der Schlüsselbegriff für eine bessere Zukunft, bei der Ressourcenkriege der Vergangenheit angehören. Um Öl habt ihr Kriege geführt, um die Sonne könnt ihr keine Kriege führen. Sie ist mit ihrem Sicherheitsabstand von hundertfünfzig Millionen Kilometern zur Erde grundsätzlich menschlichem Zugriff entzogen. Das hat der Schöpfer oder die Schöpferin oder die Natur oder die Evolution gut gemacht. Die größte Ressource steht am Himmel und kann in einer Gemeinwohl-Ökonomie kostenlos von allen genutzt werden.

Ich muss gestehen: Bis 1986 war auch ich von der Notwendigkeit der »friedlichen« Nutzung der Atomenergie überzeugt.

Warum denn das?

Weil die Experten meinten, das sei die Lösung für alle Zeit.

Die Experten sind oft das Hauptproblem. Sie haben einen Tunnelblick, weil sie ein Berufsleben lang nur *eine* Lösung kennen und sich mit Neuem schwertun. Das ist verständlich, aber oft nicht hilfreich. Das Atomzeitalter begann mit dem Abwurf der beiden Atombomben auf Hiroshima und Nagasaki. Und war mit dem Unfall von Tschernobyl noch nicht zu Ende. Deutschland brauchte erst Fukushima, und Frankreich, die USA oder China und Russland sowie andere Länder brauchen anscheinend weitere Atomunfälle, bis sie aufwachen. So seid ihr Menschen halt. Was muss eigentlich noch alles passieren? Ein Terroranschlag auf ein Atomkraftwerk? Wenn Terroristen mit Flugzeugen in die Türme von New York fliegen konnten, so schaffen sie es auch, Anschläge aus der Luft auf Reaktoren zu verüben. Jedes Atomkraftwerk auf eurer Welt ist eine tickende Zeitbombe. Deshalb gibt es keinen fundamentalen Unterschied zwischen Atomkraftwerken und Atombomben. Was ihr »atomares Restrisiko« nennt, ist jenes Risiko, das euch jeden Tag den »Rest« geben kann.

Eure größten erneuerbaren Ressourcen sind Mut, Leidenschaft und Kreativität für eine ökologische Friedensordnung. Die Welt braucht jetzt eine ökologische Ökonomie auf der Basis erneuerbarer Energien. Lange Zeit galt der Hundert-Prozent-Umstieg auf Ökoenergien als Hirngespinst. Heute sind die vielen, aber nicht immer ernst gemeinten Lippenbekenntnisse für die »Erneuerbaren« ihr größtes Problem. Es müssen nicht alle Umweltschützer Christen werden, aber es wäre hilfreich, wenn alle Christen Umweltschützer würden.

In deiner Ökologie hast du ein positives Gottes- und Menschenbild entwickelt. Doch die bald zweitausend Jahre alte negative und angstgeschwängerte Anthropologie der Kirchen haben Millionen Menschen zwangsläufig in die Hoffnungslosigkeit und Passivität, ja geradezu in Religionsneurosen oder Kirchenkrankheiten getrieben.

Mit meinem Gottes- und Menschenbild wollte und will ich positive, sonnige Energie freisetzen, die zu Lebenskraft, Selbstständigkeit, Freiheit und Mündigkeit führt, zu Liebesfähigkeit und zur Überwindung der Angst. Nur durch Vertrauen in die Schöpfung wird das Göttliche in der Welt, im Kosmos und in jedem Menschen erfahrbar. Das ist die Basis einer spirituellen Ökologie für das dritte Jahrtausend. In einer Zeit der großen ökologischen Bedrohung braucht ihr eine universelle spirituelle Ökologie. Nur der Abschied von einem finsteren Gottes- und Menschenbild kann zu seelischem Wachstum und zu einer spirituellen Entfaltung führen. Ich wollte immer ein Agent der Lebensfreude und Lebenslust sein und damit Lust auf Zukunft vermitteln. Meine tatsächlichen Anliegen waren immer therapeutisch und ökologisch, die wahre Wandlung im Leben.

Hast du abschließend einen Rat, der uns in den heutigen schwierigen Zeiten weiterhelfen kann?

Alle Zeiten sind und waren schwierig, jede Zeit hat ihre eigenen Herausforderungen. In diesen Zeiten der Klimaerwärmung und eines möglichen Atomkriegs schlage ich vor, an einer Zukunft zu arbeiten, in der eine neue Ehrfurcht vor allem Leben erwacht. In der durch nachhaltiges Wirtschaften die Ökologie die intelligentere Ökonomie wird. In der immer mehr Menschen ernsthaft nach Frieden und Gerechtigkeit streben. In der ihr lernt, dass der wesentliche Sinn eures Hierseins die Bewahrung der Schöpfung für eure Kinder und Enkel und deren Kinder und Enkel ist. Es könnte sein, dass ihr die letzte Generation seid, die diese große Transformation noch leisten könnt.

Und was heißt das konkret und praktisch?

Ihr braucht keine *Bekenntnisse* zu mir ablegen wie in euren Gottesdiensten, aber ihr braucht

*Er*kenntnisse darüber, was ihr in Zeiten von Krieg und Gewalt, von Ausbeutung und Ungerechtigkeit, von Umwelt- und Klimazerstörung aus meiner Bergpredigt lernen könnt. Das müsste schon im Elternhaus und in euren Schulen beginnen.

Hast du Beispiele?

Erziehung könnte wie Psychologie eine Hilfe sein, zu lernen, dass ein Kind nur den Mut hat, es selbst zu sein, wenn man ihm Vertrauen schenkt und es liebt. Die Vermittlung von Fakten in euren Schulen und im Elternhaus ist wichtig, aber wichtiger ist liebevolle Hilfestellung beim Herausbilden eines selbstständigen Charakters. Religion könnte ein Schulfach sein, in dem die Achtung vor allen Religionen gelehrt wird. Mathematik, Physik und Chemie könnten mehr sein als das Lernen von Formeln. Vielmehr könnten sie eine Lernhilfe sein dafür, dass die Vernunft allen Kulturen zu eigen ist und dass es ein barbarischer Missbrauch von Naturwissenschaft ist, Atombomben sowie bakteriologische oder chemische Waffen für Massenmorde zu konstruieren. Geschichte könnte ein Fach zur Friedenserziehung und zum Erlernen von Strategien der Gewaltfreiheit sein. Das Lernen fremder Sprachen kann eine große Hilfe darin sein, zu verstehen, dass alle Menschen Schwestern und Brüder sind.

An euren Schulen, Hochschulen und Berufsschulen wird Intellektförderung so einseitig betrieben, dass Intuition, Gefühl, Ehrfurcht, Achtsamkeit und Phantasie zu kurz kommen. Mahatma Gandhi wusste: »Bevor ein Kind mit dem Alphabet und anderem Wissen von der Welt befasst wird, sollte es lernen, was die Seele ist, was Wahrheit und was Liebe ist. Wesentlicher Teil der Bildung müsste sein, dass das Kind unterwiesen wird, wie man im Lebenskampf Hass durch Liebe, Unwahrheit durch Wahrheit, Gewalt durch eigenes Leiden besiegt.« Moderne Pädagogik sollte darauf aus sein, junge Menschen zu Vertrauen ins Leben, zu einer gesunden Ich-Stärke, zur Selbstachtung zu erziehen – diese pädagogischen Hauptwerte spielen bei der Ausbildung von Erzieherinnen und Erziehern eine viel zu geringe Rolle. Das heißt: Vom Kindergarten über die Schulen bis zur Universität ist Herzensbildung so wichtig wie kognitives Lernen.

Das würde bedeuten, dass Liebe, Frieden und Empathie größer und wichtiger sind als Religionen?

Die energiespendende Kraft für diese gute Zukunft mit der Möglichkeit eines guten Lebens für alle wird von einer neuen Vision ausgehen. Ihr könnt die alten Motivationen durch neue Wirklichkeiten überwinden: teilen statt ausbeuten, verstehen statt verurteilen, sein statt haben, leben statt fremdbestimmt gelebt werden.

Die Basis all dessen ist ein radikal-humanistischer Geist. Ihr könnt lernen, mit euerm Geist euer Gehirn zu verändern. Wie das geht und dass es geht, lehrt euch die moderne Neuropsychologie und die moderne Neurobiologie. Mit dem Verstand allein kommt ihr nicht zur Vernunft. Ja, Liebe ist größer als alle Religionen. Und lieben lernen könnt ihr nur durch lieben. Franz von Assisi hat es so gesagt: »Wo Hass ist, lass mich Liebe säen,/ wo Unrecht ist, Vergebung,/ wo Zweifel ist, Vertrauen,/ wo Verzweiflung ist, Hoffnung,/ wo Dunkelheit ist, Licht,/ wo Trauer ist, Freude.«

Nicht zufällig habe ich euch empfohlen: »Liebe deinen Nächsten wie dich selbst.« Den zweiten Teil dieser Empfehlung haben eure Theologen oft unterschlagen. Deshalb gibt es unter Christen so viel Selbsthass. Doch du selbst verdienst wie jedes andere Lebewesen im Universum deine Selbstliebe und deine eigene Zuneigung. Ihr könnt Liebe nur leben, wenn ihr euch selbst liebt. Das war mein Appell an die Welt vor zweitausend Jahren, das ist mein Appell an die Menschen des 21. Jahrhunderts und an die Menschen aller Jahrhunderte. Also: Verträumt nicht euer Leben, sondern lebt eure Träume. Das ist meine Bergpredigt heute.

Wie könnte ein Glaubensbekenntnis für das 21. Jahrhundert lauten, ein Bekenntnis zu dir und unserem gemeinsamen Vater, das in unsere Zeit passt?

Ich erinnere an ein sehr eindrucksvolles Bekenntnis, das die Weltversammlung der Christen 1990 in Seoul ganz in meinem Geiste so formuliert hat:

»Ich glaube an Gott, der die Liebe ist und der die Erde allen Menschen geschenkt hat. Ich glaube nicht an das Recht der Stärkeren, an die Stärke der Waffen, an die Macht der Unterdrückung. Ich glaube an Jesus Christus, der gekommen ist, uns zu heilen, und der uns aus allen tödlichen Abhängigkeiten befreit. Ich glaube nicht, dass Kriege unvermeidlich sind, dass Frieden unerreichbar ist. Ich glaube an die Gemeinschaft der Heiligen, die Kirche, die berufen ist, im Dienst aller Menschen zu stehen. Ich glaube nicht, dass Leiden umsonst sein muss, dass Gott die Zerstörung der Erde gewollt hat. Ich glaube, dass Gott für die Welt eine Ordnung will, die auf Gerechtigkeit und Liebe gründet, und dass alle Männer und Frauen gleichberechtigte Menschen sind. Ich glaube an Gottes Verheißung eines neuen Himmels und einer neuen Erde, wo Gerechtigkeit und Frieden sich küssen. Ich glaube an die Liebe mit offenen Händen, an den Frieden auf Erden. Amen.«

Das ist in etwa die Summe meiner Lehre. Menschliche Güte, Herzensgüte ist eine Sprache, die jede und jeder versteht. Das Glaubensbekenntnis, das du in deiner katholischen Kirche beim Gottesdienst beten sollst, hat mit mir so gut wie nichts zu tun. Ich könnte und würde es nicht mitsprechen.

Auch ich glaube schon lange nicht mehr an die »eine, heilige katholische Kirche«, von der dort die Rede ist. Aber jetzt, mein lieber Bruder Jesus, was gilt es unmittelbar jetzt zu tun?

Hat meine uralte Bergpredigt dein Herz berührt und deinen Verstand wieder erreicht? Überwindet das verlogenste Dogma aller Zeiten, wonach ein »kleiner Mensch« wie du ja doch nichts ändern kann. Erstens: Es gibt keine »kleinen Menschen«, sondern nur Menschen, die sich selber kleinmachen oder kleinmachen lassen. Und zweitens: Die ganze Menschheitsgeschichte beweist, dass jede und jeder die Welt um sich herum verändern kann. Vertraut mehr auf die Kraft des Geistes. Was jetzt passiert, das liegt ganz allein bei euch, liebe Leser unseres Gesprächs. Lasst euch von meinem Bodenpersonal kein schlechtes Gewissen einreden und lasst euch nicht kleinmachen. Jede und jeder von euch gehört zu meinem Bodenpersonal: Von Gott seid ihr alle zu Großem berufen. Wer, wenn nicht ihr? Und wann, wenn nicht jetzt in den Zeiten großer Gefahr? Um Entscheidungen zu treffen, müsst ihr nicht Himmel und Erde in Bewegung setzen, aber euch selbst. Liebe ist Liebesarbeit und Liebesintelligenz. Wenn es um die Liebe geht, ist Gott immer mit am Werk. Ihr seid nie allein! Gott hat immer Sprechstunde. Im Himmel gibt es kein Ladenschlussgesetz. Und vor allem: Bei unserem gemeinsamen Vater im Himmel seid ihr *alle* willkommen! Und zwar genau so, wie ihr seid! Gott erwartet jeden und jede mit offenen Armen. Vertraut darauf, dass er nur Gutes mit euch im Sinn hat. Emanzipiert euch endlich von der Macht ritualisierter religiöser Texte.

Ich habe euch gelehrt, ganz persönlich mit Gott zu sprechen. Was gibt es Größeres? Eure offenen, ehrlichen Gebete schaffen eine eigene Wirklichkeit. Sie erreichen nämlich Gottes heilende Liebe. So wird euer Leben fruchtbar und segensreich. Denn tief in euch lodert eine starke Glut der Liebe. Lasst frischen Wind an diese Glut durch euer Gebet. Entfacht diese Liebesglut. Gott könnt ihr alles anvertrauen. Wer Gott vertraut, hat Urvertrauen ins Leben.

Wofür sollen wir beten?

Ihr Menschen seid dazu fähig, eure Kreativität weiter zu entfalten und eure Energie effektiver zu nutzen – zum Wohle aller und zum Wohle der Natur. Diesen Traum könnt ihr realisieren. Wenn ihr wollt, dass eure Kinder und Enkel eine Zukunft haben, dann solltet ihr ihn realisieren und dafür beten.

Und wie sollen wir beten?

Mein Vaterunser aus der Bergpredigt, das aus dem Griechischen falsch übersetzt ist – wie auch Papst Franziskus zu Weihnachten 2017 festgestellt hat –, lautet in meiner Muttersprache, dem Aramäischen, so:

> Abba!
> Deine Gegenwart – lass geheiligt werden!
> Deine Herrschaft – lass sich ausbreiten!
> Deinen Wille – lass geschehen!
> Lass geben uns unsere Nahrung!
> Lass vergeben uns unsere Sünden!
> Lass retten uns aus unserer Versuchung!
> Amen.

Willst du unseren Lesern zum Abschied noch ein paar ganz besondere Worte mit auf den Weg geben?

Ja, gerne die, die ich auch meinen Freunden vor zweitausend Jahren zum Abschied gesagt habe: Meldet meine Frohbotschaft der Liebe und des Friedens allen Menschen, die ihr kennt. Und bedenkt: Ihr seid nicht allein. Ich bin bei euch, jederzeit, bis zu eurer Vollendung.

Es ist jetzt Abend geworden hier am See. Lass uns nun einen Spaziergang machen und weiter über eine bessere Welt meditieren. Jeder wirkliche Fortschritt benötigt einen spirituellen Tiefgang.

Literatur

Franz Alt, *Flüchtling. Jesus, der Dalai Lama und andere Vertriebene*, Gütersloh 2016.

–, *Was Jesus wirklich gesagt hat. Eine Auferweckung*, Gütersloh 2015.

–, *Die 100 wichtigsten Worte Jesu. Wie er sie wirklich gesagt hat*, Gütersloh 2015.

–, *Auf der Sonnenseite. Warum uns die Energiewende zu Gewinnern macht*, München 2013.

Franz Alt, *Die Sonne schickt uns keine Rechnung. Neue Energie, Neue Arbeit, Neue Mobilität,* München 2013.

Franz Alt und Peter Spiegel, *Gerechtigkeit. Zukunft für alle. Die Grundsatzerklärung.* Gütersloh 2016.

Ignaz Bender, *Weltordnung. Der Weg zu einer besser geordneten Welt*, Baden-Baden 2017.

Der Appell des Dalai Lama an die Welt. Ethik ist wichtiger als Religion (mit Franz Alt), München/Salzburg 2015.

Eugen Drewermann, *Jesus von Nazareth. Befreiung zum Frieden*, Olten 1996.

Ein Appell von Michail Gorbatschow an die Welt. Kommt endlich zur Vernunft – Nie wieder Krieg! (mit Franz Alt), München/Salzburg 2017.

Gottfried Hutter, *Nach 100 Jahren Nahost-Konflikt eine ehrenhafte Lösung*, 2018 (noch nicht erschienen).

Jo Leinen und Andreas Bummel, *Das demokratische Weltparlament. Eine kosmopolitische Vision*, Bonn 2017.

Wolfgang Sternstein, *Hoffnung und Widerstand im Atomzeitalter*, Selbstverlag 2017.

Hanna Wolff, *Jesus – der Mann. Die Gestalt Jesu in tiefenpsychologischer Sicht*, Radius-Verlag 1977.

Zum Autor

Franz Alt, geboren 1938, ist seit vielen Jahren als Journalist und Buchautor tätig, seine Bücher erreichten eine Millionenauflage und wurden in mehr als zwanzig Sprachen übersetzt. Er profilierte sich dabei stets als kritischer Geist, der gängige Lesarten im Bereich der Umwelt- und Friedenspolitik infrage stellte. Für seine Arbeit wurde er vielfach ausgezeichnet, unter anderem mit der Goldenen Kamera, dem Grimme-Preis, dem Deutschen und Europäischen Solarpreis, dem Umweltpreis der deutschen Wirtschaft sowie – zusammen mit Michail Gorbatschow – dem Löwenherz-Preis. Franz Alt lebt in Baden-Baden.

Wenn Sie mit Franz Alt in Kontakt bleiben wollen: *www.sonnenseite.com* oder franzalt@sonnenseite.com

Die Bestseller-Reihe

Ein Buch, das den Nerv der Zeit trifft

In seinem Appell an die Welt entwirft der Dalai Lama eine neue, säkulare Ethik als Basis für ein friedliches Jahrhundert. Der herausfordernde Text eines bescheidenen wie bedeutenden Mannes unserer Zeit.

Der Appell des Dalai Lama an die Welt
56 Seiten, Hardcover
ISBN: 978-3-7109-0000-6
E-ISBN: 978-3-7109-5000-1

**Gorbatschows Appell
für eine friedliche Welt**

Der große Staatsmann und Friedensnobelpreisträger bezieht klar Stellung. Im Interview mit dem Journalisten und Bestsellerautor Franz Alt fordert er ein weltpolitisches Umdenken. Seine Vision ist ein gemeinsames europäisches Haus.

**Ein Appell von Michail Gorbatschow
an die Welt**
60 Seiten, Hardcover
ISBN 978-3-7109-0016-7
E-ISBN: 978-3-7109-5029-2